SITUATION
DU GOUVERNEMENT
ET DU PAYS,

AU COMMENCEMENT DE L'ANNÉE 1833.

Imprimerie PORTHMANN,
rue Ste.-Anne n°. 43.

SITUATION DU GOUVERNEMENT ET DU PAYS,

AU COMMENCEMENT DE L'ANNÉE 1833.

PAR M. CH. GRENIER,

ANCIEN SOUS-PREFET.

PARIS,

DELAUNAY, LIBRAIRE, AU PALAIS-ROYAL.

FÉVRIER 1833.

AVANT-PROPOS.

TRENTE mois seulement se sont écoulés depuis la révolution de juillet, et ce peu de temps a suffi pour consolider, au plus haut degré, notre gouvernement national, entouré cependant, à sa naissance de tous les obstacles qui ne manquent jamais de surgir contre un pouvoir nouveau. Ce phénomène s'est accompli si rapidement et au milieu de clameurs si étourdissantes, que fatigués de suivre chaque jour des yeux les manœuvres des partis, et épuisés par l'attention que réclame la guerre interminable des doctrines, à laquelle nous assistons, bon gré, malgré, nous ne nous sommes peut-être pas assez attachés à apprécier la nature des faits accomplis et à en calculer les résultats.

J'ai pensé qu'il ne serait donc pas sans

intérêt de présenter, dans un cadre étroit, où la bonne-foi seule trouverait place, l'exposé rapide des principaux événemens qui se sont pressés dans ce court espace de trente mois, et d'essayer d'en mesurer la portée.

Avant de commencer la lecture de ce petit écrit, chacun pourra connaître, par le peu de lignes qui précèdent, quel est le but que je me suis proposé, et par conséquent, quelles sont mes convictions.

Je me glorifie, je le déclare, d'être un des plus zélés partisans du Gouvernement sous lequel nous vivons; cette naïve protestation d'attachement au pouvoir du jour pourrait faire sourire, si mon dévouement datait d'aujourd'hui; mais il remonte à cette époque passagère d'enivrement où un bien petit nombre des acteurs du beau drame révolutionnaire de 1830 se rendaient un compte exact de ce qu'ils voulaient eux-mêmes.

Le 29 juillet, j'écrivais à la hâte, entre deux barricades et au bruit du canon, quelques pages dans lesquelles j'essayais de démontrer *la nécessité d'appeler immédiatement au trône le duc d'Orléans*. Je n'ai pas la prétention de croire que ce cri de ma conscience ait contribué en rien à l'accomplissement d'un vœu que j'exprimais le premier, mais qui fut celui de tout le monde, dès que le calme qui succède au combat eût rendu chacun à lui-même. Cependant, je l'avouerai, je caresse toujours ce souvenir avec orgueil. Moins on est riche, et plus on aime son petit bien. Comment donc, avec le regret de n'avoir encore fait que si peu pour mon pays, ne chercherais-je pas à me consoler de mon obscure inutilité en pensant qu'au moins dans cette grande lutte de juillet, ma voix s'est élevée la première pour parler raison à la victoire.

Il n'est personne qui ne comprenne cette satisfaction d'amour-propre qu'un spectateur éprouve, lorsqu'en arrivant à la fin d'un bon drame, il reconnaît qu'il en avait, dès l'exposition, pressenti la marche et le dénoûment. Il se croirait presque en droit de revendiquer une part de la gloire de l'auteur pour l'avoir si bien deviné. Eh bien! c'est un sentiment tout à fait analogue qui me pousse à constater ici des faits qui n'ont pas besoin de mon témoignage. Dès avant que le Gouvernement existât, j'avais indiqué la ligne de modération qu'il devrait suivre, soit envers l'étranger, soit avec les partis: je me trouve donc aujourd'hui tout fier et tout heureux de voir que non seulement cette modération a été son caractère distinctif, mais encore qu'elle lui a si complètement réussi.

Après cet aveu, on aurait mauvaise grâce à suspecter ma bonne-foi. Tout au plus pourrait-on m'accuser d'une partialité aveugle, mais sincère. Ceux qui me liront, verront.

Paris, le 15 février 1833.

SITUATION
DU GOUVERNEMENT
ET DU PAYS,

AU COMMENCEMENT DE L'ANNÉE 1833.

CHAPITRE I.

Chûte de la Restauration. — Etablissement du Gouvernement de Louis-Philippe.

La restauration, seul Gouvernement, il faut l'avouer, qui fût possible après la défaite de la France par la coalition, avait affecté de reprendre possession du pays en vertu du droit imprescriptible de la légitimité, et de dater ses actes de la 19e. année du règne de Louis XVIII. Elle avait ramené une émigration insolente qui avait combattu contre la patrie, et elle ne s'était installée elle-même que sous la protection d'une occupation étrangère aussi humiliante qu'onéreuse. Tout en e'le blessait donc l'orgueil national, jusqu'à ce nom de restauration qu'on eût pu prendre pour une cruelle ironie.

Cependant, en nous promettant la liberté, pour nous consoler de la perte de la gloire, en nous rendant les garanties constitutionnelles que le despotisme de l'Empire avait achevé de nous ravir, en nous assurant le repos de la paix après l'épuisement d'une longue lutte contre l'Europe, elle ouvrait l'ère d'une nouvelle grandeur aux destinées de la France, et nous offrait les compensations les plus propres à faire oublier son origine.

Tant que régna l'auteur de la Charte, la restauration tendit à se consolider, non pas qu'elle marchât toujours d'un pas ferme dans la ligne qu'elle avait promis de suivre, mais parce qu'elle donnait de temps à autre des satisfactions à l'opinion publique, alors facile à rassurer; et l'on peut dire que, si la France avait vu le retour des Bourbons avec répugnance, elle avait au moins cessé de leur être hostile, quand arriva la mort de Louis XVIII.

Charles X eut lieu de s'en convaincre, lorsque tant de préventions, si malheureusement justifiées depuis, se turent tout-à-coup devant les sermens de Reims; mais, sous son règne, tous les maux dont le principe de la restauration contenait le germe, se développèrent avec rapidité. La tendance de la Couronne à ressaisir le pouvoir absolu devint chaque jour plus manifeste; le but se révélait par les moyens. Le clergé, champion naturel du droit divin (1), était accablé de largesses, et exerçait dans l'Etat la plus haute influence. On élevait partout de vastes séminaires, et on recrutait de nombreux lévites qu'on s'efforçait de fanatiser; on protégeait, au mépris des lois et des arrêts de la justice, une société célèbre qui s'emparait de la direc-

(1) Ceci n'est point une attaque contre le clergé. Je connais des prêtres très pieux et très savans qui stigmatisent en termes bien plus sévères les abus du règne de Charles X; ils pensent, comme moi, que c'est avilir le sacerdoce que d'en faire une milice politique, que le prêtre ne doit point descendre du sanctuaire dans le Forum, que la richesse et la domination corrompent l'église; qu'on ne saurait séparer par une ligne trop tranchée le spirituel du temporel; que les intérêts de la religion sont encore plus compromis que ceux de l'Etat, lorsque cette démarcation n'est pas assez prononcée, et que l'avenir eût pu réserver aux amis du catholicisme en France des regrets plus amers que ceux qu'a pu leur causer la révolution de juillet.

tion de l'instruction publique pour former des générations dociles ; on enrôlait les ambitieux et les faibles dans des congrégations dont il fallait dépendre pour faire son chemin ou son salut ; on inondait nos provinces de missionnaires qui, s'attachant à obtenir des conversions politiques, sous prétexte de poursuivre des conversions religieuses, s'en allaient prêchant contre les doctrines libérales bien plus que contre le péché ; on s'efforçait de reconstruire une aristocratie nobiliaire appuyée sur la propriété territoriale, en gratifiant l'émigration d'une libéralité d'un milliard, et en attaquant le principe du partage égal des successions ; enfin, on sapait ouvertement la liberté de la presse, qui eût toujours suffi pour déjouer toute tentative de contre-révolution.

Un ministère auquel il n'a peut-être manqué que la confiance de la Cour pour sauver la monarchie, essaya inutilement de rappeler le pouvoir royal dans une meilleure direction ; cette lueur de sagesse fut de courte durée, et le naturel de la restauration reprenant le dessus, elle se jeta bientôt en aveugle dans cette voie de réaction où elle devait périr.

La prétention d'avoir *octroyé* la Charte impliquait le droit de la modifier ou même de la retirer ; on feignait de ne pas savoir que les Français avaient toujours regardé comme inséparables une dynastie et une constitution qu'ils avaient acceptées ensemble, et qu'ils considéraient le pacte que cette dynastie avait offert elle-même, pour sa bienvenue et pour la rançon de notre gloire, comme le fondement et la condition d'existence de la restauration.

En vain la Nation elle-même, par la voix de ses représentans, avertit-elle solennellement la Couronne des dangers dans lesquels elle se précipitait ; l'esprit de vertige dominait ses conseils : elle céda à l'entraînement impérieux de ses fausses convictions, comme par fatalité, et sans que sa position fût assez compromise pour expliquer un coup d'état ; et, n'ayant pu neutraliser par la fraude les franchises nationales, elle résolut, en désespoir de cause, de les détruire toutes à la fois par la force : les odieuses ordonnances furent rendues.

Le peuple, délié de ses devoirs d'obéissance envers la Couronne, la combattit et la vainquit. En trois jours on vit disparaître une monarchie qui disposait de tous les élémens de la force matérielle, parce que la force matérielle qui suffit à anéantir les factions, quand elles ont l'imprudence de livrer bataille à la société, reste impuissante devant une révolution nationale.

Ayant ainsi reconquis la plénitude de ses droits, la Nation usa de sa victoire avec modération, mais sans faiblesse. Elle comprit qu'il n'y avait de transaction possible avec aucun des princes qui pourraient conserver la prétention de régner comme roi légitime, et en vertu du droit divin; que ce principe contenait un vice radical, celui d'autoriser les rois qui l'invoquaient à se considérer eux-mêmes comme pouvoir primitif, duquel tous les autres pouvoirs émanaient par une concession révocable; que cette exorbitante prétention était incompatible avec l'état actuel de la civilisation, les progrès de l'esprit humain et le besoin de liberté qui règne en France, puisque tout pouvait être sans cesse remis en question, selon le caprice du prince; que les héritiers directs de Charles X, élevés dans les mêmes préjugés, nourris des mêmes maximes, égarés par les mêmes influences, conserveraient toujours la prétention de ne relever que de Dieu, et que la même cause produisant nécessairement les mêmes effets, ils s'efforceraient inévitablement de se rapprocher des conditions du pouvoir absolu, qui est en définitive l'expression la plus simple et la seule expression vraie du principe de la légitimité par le droit divin.

On frappa donc d'une même réprobation et on confondit dans un même décret d'exil tous les prétendans à titre de légitimité, non pas (comme il s'est trouvé des gens assez niais pour le dire) par un esprit étroit de vengeance qui se serait exercé contre un enfant pour lequel on n'a pas montré plus de haine que d'amour, mais dans le but d'en finir avec le principe de la légitimité.

Ainsi périt la Restauration.

Dans les crises politiques, où l'existence même de la société est compromise par la ruine totale et la disparition du Gouvernement, celui-là a les droits les plus légitimes au pouvoir, qui offre à la Nation le plus de garanties ; et c'est par le cri de la conscience publique qui le désigne, que s'exerce la souveraineté nationale, pour laquelle il n'y a qu'un seul acte possible, celui de déléguer son autorité.

C'est à ce titre et de cette manière que le

Duc d'Orléans fut appelé au trône. Il ne s'agit pas de rechercher si c'est à cause ou en dépit de sa parenté avec la branche aînée. Laissons là ces disputes de mots au fond desquelles il y a des matières inflammables qu'il est dangereux de remuer. Les uns ne l'eussent pas repoussé sans doute, si cette condition de parenté, qu'ils estiment comme un avantage, lui eût manqué ; et les autres, qui la regardent comme un inconvénient, ne lui seraient pas plus dévoués, si elle n'existait pas. Il suffit donc de reconnaître que c'est parce qu'il offrait à la France la plus grande somme de garanties possible, à quelque titre que ce fût. Il était à la fois l'homme indispensable et l'homme inévitable ; et, si l'on observe les choses, abstraction faite de tout sentiment de haine ou d'affection, on reconnaîtra que la famille d'Orléans, contre-partie, si je puis ainsi dire, de la branche aînée, était là tenue en réserve par la Providence, comme une dernière sauvegarde des destinées de la patrie.

Ce changement de Gouvernement conservait au pays les seuls avantages réels que lui eût offerts la restauration, et en détruisait en même temps les inconvéniens.

D'une part, les garanties de stabilité, d'ordre et d'unité d'action, qu'assure une monarchie héréditaire, étaient maintenues;

Et, d'une autre part, la source du pouvoir était déplacée; ce qui entraînait les conséquences les plus favorables aux progrès de la liberté et de la civilisation.

Alors à une Charte octroyée par le monarque, en vertu du pouvoir constituant que le droit divin plaçait dans sa légitimité, Charte qui n'avait été acceptée que tacitement, et, pour ainsi dire, passivement par le peuple, étaient substituées des conditions arrêtées, au contraire, par la Nation elle-même, et solennellement acceptées par le Roi élu, conditions qui constituaient un engagement réciproque, un pacte entre le souverain *délégateur* et le souverain *délégataire*, également inattaquable par chacun d'eux.

Alors la liberté individuelle, la liberté de conscience, la liberté de la tribune, la liberté de la presse n'étaient plus des droits concédés, mais des droits stipulés.

Alors toute la portion virile de la nation entrant en possession du droit d'élire, non plus seulement les députés qui concourent à faire les lois, mais encore les corps municipaux et administratifs qui les appliquent aux intérêts locaux, et les officiers des milices civiques, sous la sauvegarde desquelles est placé le dépôt sacré de la constitution, le Gouvernement représentatif cessait d'être une déception pour devenir une réalité.

Une révolution si juste dans sa cause, si prompte dans son action, si grande dans ses effets, si généreuse dans son triomphe, si modérée dans l'exercice des droits reconquis, devait obtenir de la France la plus éclatante consécration : aussi vit-on spontanément toutes les municipalités, toutes les gardes nationales du royaume, tous les corps constitués qui représentent les intérêts matériels de la société, se précipiter à l'envi autour du trône populaire que la révolution nouvelle venait d'élever; et l'histoire ne présente pas le spectacle d'une autre manifestation de l'opinion publique exprimée avec autant d'enthousiasme et d'unanimité!

Les principes constitutionnels avaient été posés, mais avec inexpérience, en 1789; leur nouveauté, leur opposition aux institutions antérieures, la lutte acharnée des partis, la guerre, et toutes les convulsions d'une profonde révolution sociale ne permirent même pas d'en essayer l'application; les Gouvernemens révolutionnaires, placés dans la plus fâcheuse position pour fonder, c'est-à-dire, dans la nécessité de se défendre, étalèrent dans leurs lois des maximes philosophiques, mais ne connurent en réalité qu'un moyen, et le moins durable de tous, la violence. L'Empire n'eut, à proprement parler, d'autre constitution que la prodigieuse organisation de son chef; la Restauration exhuma les doctrines constitutionnelles, pour lui servir de passe-port à la frontière; mais elle s'appliqua constamment à les fausser, et finit par les fouler aux pieds. C'est au Gouvernement, fondé par la révolution de 1830, qu'est réservée la gloire de faire apprécier à la France, et de démontrer à l'Europe combien le système représentatif, plus perfectionné maintenant chez nous que partout ailleurs, renferme d'élémens de prospérité publique. Jamais circonstances plus favorables n'auront aidé à l'accomplissement d'une plus noble tâche.

La constitution du pays qui est l'origine du Gouvernement actuel, est bien aussi (et cette fois sans contestation), la condition de son existence. Il ne peut puiser qu'en elle de la vitalité, de la force, de la durée; il a intérêt à consolider ce que d'autres Gouvernemens ont cru avoir intérêt à détruire : je ne veux pas d'autre garantie de sa bonne foi.

Il arrive à une époque où les mœurs, dégoûtées des commotions violentes, sont mûres pour une liberté sage ; à une époque où aucun nom, aucunes passions ne suffisent plus à allumer la guerre civile et où les cabinets étrangers sont heureusement condamnés à la paix par des intérêts plus forts que leurs répugnances.

Enfin, non seulement il a pour appui l'immense majorité par laquelle il a été créé, mais encore il est placé sur un terrain d'où il peut appeler à lui les hommes de bonne foi de tous les partis. En effet, d'un côté les royalistes qui, ne mettant pas de faux sentimens à la place d'une saine politique, préfèrent la patrie à une famille, et ne veulent d'une monarchie que l'ordre, la stabilité et l'unité d'action, se rattacheront avec le temps à la dernière dynastie qui soit maintenant possible en France ; et d'un autre côté, les républicains qui n'ont pas de prétentions personnelles à la dictature, et ne veulent de la démocratie que l'intervention du peuple dans l'administration de ses affaires, s'habitueront à se contenter de cette large liberté au-delà de laquelle nous craignons la licence et l'anarchie qui engendrent le despotisme.

Ainsi, les uns et les autres pourront, sans se manquer à eux-mêmes, se rallier à un Gouvernement auquel sa nature et son origine interdisent le droit de rechercher leurs antécédens.

De chaque côté, les coteries extrêmes sentent tout ce qu'il y a d'avantageux pour la nouvelle monarchie, et de ruineux pour leur parti, dans la position qu'elle occupe. Aussi cherchent elles à la lui imputer à crime. Il n'y a, disent-elles, qu'un Gouvernement bâtard, et qui n'appartient à aucun principe, qui puisse ainsi tendre la main à toutes les opinions, promettre à chacun de le servir selon son goût, et prétendre fondre ensemble des élémens qui n'ont entre eux aucune affinité.

Cette attaque est basée sur une erreur qui a été bien funeste à la France. Une longue révolution ne finit pas par le triomphe d'un parti sur les autres, mais par une transaction entre les divers intérêts que ces partis représentent. Tous les partis ont été successivement vainqueurs en France, et le triomphe d'aucun d'eux n'a fini la révolution, précisément parce que tous se sont installés au pouvoir avec le caractère de parti vainqueur. Il ne suffit pas de faire la part des intérêts dissidens, comme l'avait faite la restauration, il faut encore renoncer complètement, et dès le moment même de la victoire, à user de représailles contre ceux qui avaient précédemment abusé de la leur ; il faut se bien pénétrer que du moment où on est *pouvoir* on n'est plus *parti;* qu'on n'a plus alors d'autre mission que de consommer une transaction définitive entre les intérêts rivaux, et de gouverner le pays selon l'esprit de cette transaction ; que la puissance doit s'exercer dans l'intérêt de tous, qu'elle doit à tous une égale protection, moyennant l'obéissance aux lois; que c'est au besoin son devoir de protéger ses ennemis contre ses amis, s'il y a excès, même bien intentionné, de la part de ceux-ci, et qu'enfin le Gouvernement qui surgit d'une révolution et qui la représente, doit toujours s'appliquer à prouver qu'elle a été faite *justitiæ fruendæ causâ.*

C'est là la mission politique imposée au Gouvernement de juillet, il l'a comprise et il la remplira.

Quelle qu'ait été l'unanimité des suffrages

qui ont salué l'aurore de ce Gouvernement conciliateur, l'apparition d'un pouvoir nouveau détermine toujours celle de quelques factions.

Et d'abord, tous les amés et féaux de la restauration, que leurs intérêts personnels ou leur vanité de famille, rattachaient à son système d'aristocratie et de privilège, toute cette portion imprudente du clergé qui s'était précipitée avec tant d'ardeur dans l'arène des luttes politiques, tous les béats qui s'étaient fait de la légitimité un dogme religieux, se trouvèrent tout naturellement ligués pour rétablir un ordre de choses qu'ils n'avaient su ni conserver, ni défendre. A leur suite marchaient, alors, beaucoup de gens que la prévention des souvenirs, portait à redouter une révolution quelconque, et auxquels la peur d'un bouleversement tenait lieu de convictions politiques.

En second lieu, tous les hommes ardens que le joug de la restauration avait plus profondément humiliés, que sa politique étroite et bigote avait plus amèrement dégoûtés, et dont l'imagination ardente et aventureuse était encore exaltée par le triomphe de l'insurrection sur la monarchie, et par le souvenir de l'énergie que la république avait déployée contre l'étranger, crurent ou feignirent de croire que les intérêts populaires ne pouvaient être suffisamment protégés, et l'indépendance nationale garantie que par un Gouvernement purement démocratique et sans roi. Beaucoup d'ambitions déçues et d'existences incertaines allèrent grossir les rangs de cette faction.

Voilà donc deux partis debout dès l'établissement même du Gouvernement; l'un qui veut faire rétrograder la France vers les conditions d'un passé contre lequel elle a fait une révolution; l'autre, qui prétend la pousser malgré elle vers un but incertain dont elle est effrayée.

Enfin, on a dit qu'il existait encore, alors, un troisième parti, ce que je n'admets point. Qu'à la vue du drapeau tricolore chargé de tant de lauriers par le géant du siècle, les débris glorieux de nos armées impériales aient senti se réveiller dans leurs cœurs leur juste amour pour l'héritier de son nom, que le ressentiment des humiliations faites à la France dans la personne de son empereur, trahi par la victoire, ait alors soulevé des passions de vengeance contre l'étranger, je le conçois; mais qu'il pût se former un véritable parti pour le duc de Reischtadt, et que ce parti pût promettre quelque chance de succès à son chef, c'est là le rêve d'un vieux soldat. Elevé, loin de la France, dans un pays d'absolutisme, sous l'influence d'un cabinet étranger, au milieu de coutumes, de préventions, de mœurs et d'idées étrangères, le duc de Reischtadt ne pouvait inspirer aucune sympathie à ces nouvelles générations qui venaient de renverser la restauration pour reconquérir la liberté. La magie des souvenirs n'a plus de pouvoir que sur les classes les moins éclairées, mais la bourgeoisie qui dominait le peuple et dirigeait le mouvement de juillet, règle ses sympathies sur la communauté et l'analogie des intérêts; la lutte n'avait pas été entreprise pour relever l'Empire, auquel personne ne songeait la veille, et qui ne pouvait pas être, d'ailleurs, le Gouvernement de 1830, parce que toutes les institutions ont leurs temps, mais bien pour assurer le triomphe des principes libéraux sur les principes absolus; or, quand nous avions sous la main un prince que sa position, ses antécédens, ses lumières, ses inclinations et son influence, désignaient, même sans qu'il le désirât, comme le chef naturel du parti libéral, qui donc aurait été s'imaginer d'expédier un courrier à Vienne, pour inviter le duc de

Reischtadt à venir avec son gouverneur tirer la France de l'embarras où la plaçait son imprudente victoire sur Charles X.

Au surplus, que ce parti ait existé ou non, on n'en trouve plus aujourd'hui d'autre trace qu'un assez mauvais portrait de je ne sais qui au bas duquel on lit *Napoléon III*. La tombe a englouti tout ce qui restait du sang du grand homme, et en voyant finir sitôt et si tristement des destinées commencées au milieu de nous sous de si brillans aupices, il n'est pas un cœur français qui ne se soit senti ému d'une respectueuse pitié.

Toutes les espérances d'un autre parti reposent également, aujourd'hui, sur la vie d'un jeune exilé, et je proteste hautement qu'il n'est pas un homme en France qui désire les voir s'éteindre par une semblable catastrophe.

Nous avons expliqué comment tomba, selon nous, la restauration et comment s'établit le Gouvernement actuel, nous avons indiqué quelle était sa véritable mission et quels adversaires il avait rencontrés à sa naissance. Son point de départ étant ainsi fixé, nous allons examiner maintenant quelle a été la conduite des partis envers le Gouvernement et celle du Gouvernement envers les partis.

CHAPITRE II.

Conduite du parti légitimiste.

Le parti légitimiste était à la fois plus puissant, plus nombreux, plus compact et plus discipliné que le parti républicain, et tandis que toutes les forces de ce dernier étaient concentrées dans Paris et quelques grandes villes, le premier s'étendait, au contraire, sur toute la France. Ses doctrines étaient plus nettement posées et mieux connues; ses chefs, qui avaient entre eux des relations toutes établies, en avaient également chacun autour de soi, et agissaient directement sur le gros de la faction. Ce parti disposait de la chaire et du confessionnal; propriétaire de presque tous les grands domaines, il pouvait exercer une immense influence sur la masse des hommes attachés aux intérêts agricoles; et, consommateur presque exclusif de tous les objets d'un luxe coûteux, il pouvait réduire diverses branches d'industrie à un état de langueur inquiétant pour la tranquillité des villes ; l'armée et la magistrature étaient remplies de ses créatures; il possédait une presse aguerrie aux luttes polémiques ; enfin, il avait l'avantage de se trouver tout organisé, puisqu'il existait depuis quinze ans au grand jour sous la restauration qu'il dominait. Il n'avait qu'à continuer un combat déjà engagé en passant de la défensive à l'offensive ; et les mêmes armes qui lui servaient naguère à repousser les doctrines libérales qui l'attaquaient alors, devaient lui servir encore pour attaquer à son tour ces mêmes doctrines devenues des faits victorieux.

Malgré toutes ces conditions de puissance, ce parti, qui n'avait pas même eu l'honneur d'être vaincu les armes à la main dans les journées de juillet, fut si étourdi de sa défaite et si effrayé du triomphe populaire, que pendant quelque temps il ne donna pas même signe de vie.

Mais sitôt qu'il put se convaincre que la révolution de juillet était assez magnanime pour laisser à ses ennemis le droit de la maudire et les moyens de la combattre ; sitôt qu'il vit que le régime de légalité, qu'elle avait proclamé, n'était pas une déception et un piége tendu à la crédulité des partis; sitôt qu'il vit qu'aucune réaction ne venait punir du talion les réactions sanglantes qu'il avait lui-même exercées quinze ans auparavant, il releva sa tête un instant abattue, et fit voir autant d'insolence qu'il avait d'abord montré de pusillanimité.

Les plus hardis travaillèrent à remettre les plus timides de leur abattement : on osa sortir, puis se réunir, puis se concerter, puis enfin conspirer contre ce qu'il fut convenu d'appeler l'usurpation. Toutes les voies furent proclamées légitimes pour rétablir la légitimité; car le but, comme on sait, sanctifie les moyens.

Des émissaires furent dépêchés en Ecosse pour y demander un mot d'ordre et des instructions, tandis que des courtisans, vieillis dans les intrigues de chancellerie, visitèrent toutes les cours de l'Europe pour y provoquer une nouvelle coalition contre la France. C'était, disait-on, une sainte et dernière croisade qu'il fallait entreprendre contre l'esprit révolutionnaire; tous les rois étaient en cause, il n'y avait plus d'avenir pour aucune royauté si la légitimité succombait sur un seul point;

le volcan populaire menaçait de pulvériser tous les trônes; la France, victime d'une poignée de factieux qui enchaînaient la manifestation libre de ses sentimens royalistes, aspirait au jour de la délivrance, on aurait presque dit au bonheur d'être envahie et rançonnée.

Cependant, à l'intérieur, on semait de fausses nouvelles, on répandait des bruits sinistres, on alarmait les consciences, on prédisait avec assurance le prochain retour de Henri V, on allait jusqu'à fixer le jour de son entrée dans Paris, jour qui reculait sans cesse et dont on ne parle plus.

Les riches s'enterrèrent dans leurs châteaux, retirèrent leurs capitaux de la circulation, poursuivirent leurs débiteurs, pressèrent leurs fermiers, cessèrent de faire travailler les ouvriers, et se condamnèrent à la privation de toutes les jouissances que donne la fortune, afin d'opérer une misère factice qui indisposât les masses contre l'état de choses produit par la révolution. Les dames elles-mêmes (les dames jouent un très-grand rôle dans le parti sentimental de la légitimité) renoncèrent aux plaisirs, à la toilette, aux fantaisies, pour réduire les marchands à regretter le luxe de la restauration. Le faubourg Saint-Germain fut désert, tous les hôtels furent à louer, tous les équipages furent à vendre, et il faut reconnaître que cette perfide manœuvre eut un déplorable succès, et qu'elle jeta l'industrie et le commerce dans un état de souffrance qui n'est pas encore complètement oublié.

Pour effrayer à la fois les propriétaires paisibles qui hésitaient encore à se rallier au gouvernement, et l'étranger qui nous observait d'un œil inquiet, le parti suscita partout des émeutes; là où il disposait du peuple, en l'irritant contre les autorités à l'occasion de la cherté du grain ou de toute autre cause accidentelle; là où le peuple lui était hostile, en blessant ses sentimens jusqu'à l'exaspérer; on ne craignit même pas de transformer les temples consacrés à la prière en théâtres de provocations, et malheureusement ces provocations ne restèrent pas toujours sans résultat.

On ramassa, on gorgea d'or et de vin quelques soldats licenciés de la garde royale et des Suisses, quelques laquais sur le pavé et quelques-uns de ces mécontens de profession, qui cèdent sans conviction à la fougue de leur tempérament, à la misère ou au dépit de n'être rien, et on lança tout cela pêle-mêle dans une conjuration dont les exploits se bornèrent à l'assassinat d'un sergent de ville. Du moment que le complot fut déjoué, il se trouva qu'il n'avait pas de chef; s'il eût réussi, on aurait vu sans doute de grands personnages venir revendiquer l'honneur de l'avoir dirigé.

D'autres moyens furent employés avec le peuple des campagnes; on lui fit voir la religion menacée par un Gouvernement sous lequel on continuait cependant de payer les prêtres qui refusaient les prières pour le prince, et dans certaines localités on abusa de la crédulité des paysans jusqu'à se faire un auxiliaire du plus affreux des fléaux : le choléra, qui avait pris naissance dans des régions que le despotisme le plus absolu opprime sans conteste, fut représenté, dans la chaire de vérité, comme un châtiment envoyé sur la France par la colère céleste pour nous punir de la révolution de juillet.

Toutes les influences du presbytère et du château furent mises en mouvement pour soulever les superstitieuses campagnes de la Bretagne et de la Vendée, façonnées de longue main à la tactique des guerres civiles; mais les souvenirs de haine qu'on réveilla, les fermens de discorde qu'on ralluma, ne reproduisirent d'une époque déplorable, mais grande, que ce qui en avait fait la honte; et, au lieu de ces armées royales dont le courage avait si long-temps balancé, au sein de la France, la fortune de la république victorieuse de l'étranger, on ne ressuscita que le vil brigandage de ces chouans féroces et avides dont le nom restera en exécration dans tous les âges.

La presse, dont le parti a toujours réclamé la liberté absolue lorsqu'il formait l'opposition, et qu'il a toujours baillonnée ou menacée quand il était au pouvoir, ne resta pas inerte entre ses mains. Appréciant les hommes et les choses avec la même passion, elle fit d'un régime de légalité un système de terreur, de la clémence une insupportable tyrannie, de tous les mutins des héros, de tous les administrateurs des proconsuls.

Après avoir soutenu un combat à outrance de quinze ans contre les droits de la nation, après avoir défendu les principes de l'absolutisme par les doctrines les plus serviles, après avoir célébré les ordonnances liberticides de juillet, les écrivains légitimistes changèrent un beau jour de tactique : sans s'arrêter au scrupule de se démentir en présence des témoins mêmes de leurs antécédens, sans craindre de voir leurs opinions d'aujourd'hui réfutées par leurs opinions d'hier, ils se mirent à vanter avec emphase les bienfaits de l'élection, à démontrer la nécessité d'élargir la sphère d'action du peuple et à demander en toute occasion le suffrage universel. L'incohérence de ces doctrines avec le principe du droit divin, qu'il leur était impossible de déserter, aurait embarrassé des consciences moins *habiles*; mais on sentait le besoin de se populariser, et on fit des avances aux passions populaires. Le peuple, moins oublieux qu'on ne l'avait espéré, jugea des intentions du présent par les actions du passé. Le piége se trouva trop grossier pour faire des dupes, et la faction en fut pour ses frais d'hypocrisie.

Sentant bien qu'une restauration était impossible, à moins que l'anarchie ne lui préparât les voies et que la guerre ne lui ouvrît les portes de la France, la presse légitimiste excita l'étranger contre nous en même temps qu'elle nous excitait contre l'étranger. Tandis que quelques-uns de ses organes proclamaient que les monarchies de l'Europe seraient tout à la fois avilies et perdues si elles ne venaient étouffer la révolution en France, d'autres proclamaient aussi que la révolution se mentirait à elle-même et déshonorerait sa cause, si elle n'allait porter la propagande armée par toute l'Europe.

La presse légitimiste, enfin, a accusé le Gouvernement de lâcheté pour n'avoir pas tenté de reprendre par les armes nos frontières du Rhin, oubliant sans doute que le caractère même d'une révolution faite pour venger les lois d'un parjure lui commandait le respect des traités. Elle a même raillé la nouvelle dynastie d'avoir sollicité *chapeau bas* sa reconnaissance par les autres dynasties de l'Europe; et il y a dans ce dernier trait une bien grande maladresse, car c'est à la fois montrer le dépit que la faction a ressenti de cette reconnaissance, et rappeler que la restauration a été quinze ans *à genoux* devant la sainte-alliance, souvenir humiliant qu'on ne pourra arracher de la conscience publique, malgré toutes les forfanteries qu'on se donne le plaisir de débiter, maintenant qu'on peut être fanfaron impunément.

Comme il importait surtout de paraître nombreux et de multiplier les points d'attaque de cette guerre d'escarmouche par laquelle on combattait l'action des autorités locales; comme on voulait éveiller à la fois sur tous les points toutes les passions, même rivales, qui pouvaient devenir alarmantes pour le Gouvernement, comme on sentait le besoin de donner un point d'appui et une direction à l'opposition de château, le parti fonda partout des gazettes; leur titre seul était une déclaration de principes, car elles affectèrent de prendre le nom de nos anciennes provinces, dans lesquelles, au bon temps, le peuple jouissait, comme on sait, de beaucoup plus de bien-être et de liberté qu'il n'en trouve aujourd'hui dans nos départemens révolutionnaires, où il n'y a plus d'aristocratie nobiliaire pour lui fournir du travail, ni de couvens pour le soulager dans sa détresse, ni de parlemens pour le protéger contre la couronne. Ces gazettes renchérirent encore sur les journaux légitimistes de la capitale. Elles traduisirent le dépit en fureur, les insinuations en menaces et les espérances timides en vœux hardis. Elles exploitèrent moins les passions politiques et davantage les passions religieuses, parce que, sur cet autre théâtre, il s'agissait de parler à des hommes qui ont plus de foi que de lumières. Enfin, comme nos lois électorales ont le *défaut* (qui naguère était un mérite) d'imposer à tout électeur *la formalité* du serment, la plupart des gazettes provinciales éloignèrent leurs cliens des colléges électoraux, où elles savaient n'avoir aucune chance de succès, leur interdisant comme une félonie de jurer fidélité au chef de l'Etat, tandis que, dans le petit nombre de localités où la faction se flattait d'obtenir une majorité qui lui a presque toujours échappé, d'autres gazettes poussaient les leurs à se présenter en masse et au grand complet aux élections, et à y prêter sans difficulté un serment qui, en définitive, n'engage à rien.

Après ce récit succinct des manœuvres de la faction, suivons-la maintenant dans la plus hardie et la plus capitale de ses entreprises, dans celle où elle a si maladroitement joué et si définitivement perdu son va-tout.

Avec son aveuglement et sa présomption ordinaires, le parti fait savoir à la duchesse de Berri que ses amis n'attendent plus qu'elle pour relever le drapeau de la légitimité. Trop confiante dans ces imprudens avis et entraînée par son caractère aventureux, la prétendue régente quitte bientôt la petite principauté d'Italie où elle avait établi le siége de son conseil et le foyer de ses intrigues. Elle aborde en France, échappe à la surveillance des agens du Gouvernement, entre les mains desquels tombent ses compagnons de voyage, et parvient (pendant qu'une échauffourée, tentée en sa faveur à Marseille, échoue sans produire aucun retentissement) à traverser furtivement la France. Ce n'était pas cette marche triomphale de Napoléon revenant de l'île d'Elbe et ramenant autour de lui pour cortége tous les régimens qu'on avait envoyés le combattre; c'était un retour qui ressemblait à une fuite. Pour traverser des populations soi-disant légitimistes par excellence, il avait fallu prendre un déguisement, un faux nom, de faux papiers. Arrivée sur la terre classique de la fidélité et de la guerre civile, la princesse va sans doute y trouver des armées toutes prêtes à marcher pour la cause de son fils : non; ses amis, qui se vantaient d'avoir organisé d'avance l'insurrection royaliste, ne rassemblent à grand peine que quelques bandes de misérables fanatiques, assassins plutôt que soldats, qui ne font la guerre qu'en embuscade derrière les haies, et se dérobent à leurs ennemis en fuyant à travers les genêts dont le pays est couvert. En vain le signal d'une levée en masse est donné à plusieurs reprises; en vain les proclamations appellent aux armes ; en vain les hautes-payes, les grades sont promis aux soldats et les diminutions d'impôts aux paysans, on ne parvient pas à former un noyau au milieu duquel la régente puisse aller se placer; et si quelques villages s'insurgent, si quelques réfractaires se révoltent, les gardes nationales des villes se lèvent spontanément pour aller rétablir l'ordre et l'obéissance aux lois. A la faveur des accidens de terrain, des chemins creux, des haies épaisses, des vastes marais, cette guerre de brigandages s'est malheureusement assez prolongée pour produire beaucoup de crimes et coûter beaucoup de sang; mais quel autre résultat a-t-elle amené pour la cause de la légitimité que de manifester l'impuissance de ses partisans.

Cependant la duchesse, trop résolue pour abandonner sa folle entreprise, et trop harcelée pour errer plus long-temps sans danger dans des campagnes fouillées chaque jour, et où elle n'est protégée que par des bandes dispersées et battues, se décide à chercher, au milieu même du tumulte d'une grande ville, un asile ignoré où elle puisse attendre des circonstances plus favorables; et là, bientôt, la mère du prétendant, la régente du royaume, le seul membre de la famille déchue qui ait osé remettre les pieds sur le sol de la France, et le seul chef qui eût pu donner une impulsion au parti légitimiste, s'il avait eu la vitalité nécessaire pour la recevoir, la duchesse de Berri est trouvée derrière une plaque de cheminée!

La voilà prisonnière, traversant le peuple, la garde nationale et la troupe, sans qu'un seul cri s'élève en sa faveur; on la transfère dans une citadelle sans que la moindre tentative de délivrance vienne entraver l'exécution des ordres du Gouvernement, et quelques mois de détention ont suffi pour faire succéder la plus complète indifférence à l'espèce d'émotion que son arrestation avait causée dans le public. Ainsi, toutes les illusions du *Carlo-Alberto* devaient aboutir au désenchantement de la prison de Blaye.

Si l'Europe et la postérité, pour comprendre le sentiment de répulsion qu'inspirent à la France la légitimité et la branche aînée des Bourbons, avaient eu besoin d'une autre preuve encore que la révolution de juillet, ce serait la duchesse de Berri qui se serait chargée de la fournir. Ce n'est plus l'effervescence des passions politiques qui la proscrit, c'est la raison publique qui la repousse après deux années de réflexion. Ce n'est pas dans cette capitale indocile qu'on regarde comme le foyer de l'esprit révolutionnaire, c'est dans une cité de prédilection, dans la ville choisie pour devenir le siége du gouvernement de Henri V, que sa mère est arrêtée sans aucune démonstration de la part de ses amis. Oh! pourquoi ce terrible enseignement n'éclaire-t-il pas enfin ceux qui, jusqu'ici, n'avaient su rien apprendre ni rien oublier!

A la nouvelle de l'arrestation de la duchesse, tout est en émoi dans la faction; et comme il est plus facile de rédiger des mémoires que de recruter des armées, celle qui n'avait pu trouver des soldats pour la cause de son fils, n'eut pas besoin de chercher des avocats pour la sienne; il y eut même de bonnes gens qui poussèrent le dévouement jusqu'à se proposer sérieusement pour lui servir d'ôtages. Des pétitions lamentables et d'insolentes *protes-*

tations arrivèrent à la Chambre des Députés, qui n'en tint compte ; on publia depuis des *consultations* et jusqu'à des *sommations* au Gouvernement, comme pour se donner le ridicule d'épuiser toutes les formes de la chicane.

Quoique nous n'ayons ici d'autre but que d'exposer la conduite qu'a tenue depuis la révolution de juillet le parti légitimiste, nous allons, en passant et sans y attacher d'importance, parcourir succinctement l'argumentation des défenseurs officieux de la duchesse.

Madame et son fils, disent-ils, *sont innocens des ordonnances de juillet.*

Aussi n'est-ce pas pour les en punir que la France les a bannis, mais pour détrôner le principe de la légitimité par le droit divin, principe qui venait d'être vaincu par son antagoniste le principe de la souveraineté nationale.

Madame venait en France pour nous préserver d'une invasion.

Mais nous n'étions nullement menacés de cette invasion ; nous n'avons pas sollicité l'assistance de la duchesse pour nous en préserver, et elle ne nous explique pas comment la guerre civile nous eût garantis de la guerre étrangère.

Madame ne peut être accusée de rébellion contre un Gouvernement dont elle n'est pas sujette.

C'est pour cela que ce Gouvernement l'a traitée en prisonnière de guerre.

Madame ne pouvait être prisonnière de guerre, parce qu'elle n'a pas été prise les armes à la main.

Elle a été prise faisant la guerre pour le compte de son fils, puisqu'elle avait signé comme régente des proclamations, des ordres, des brevets; puisqu'elle soldait des bandes armées et faisait attaquer les troupes.

Si on traite Madame en prisonnière de guerre, on doit traiter de même les chouans, qui, d'après ce système, faisaient aussi la guerre sous ses ordres.

Si un général étranger s'introduisait en France pour y lever des troupes, qu'il dirigerait ensuite contre le pays, dans l'intérêt de son souverain, le Gouvernement n'aurait-il pas le droit de traiter les soldats comme des rebelles et le général comme prisonnier de guerre? Les soldats ne seraient-ils plus Français, du moment qu'un général ennemi les aurait enrégimentés, et chacun peut-il créer pour soi-même un droit exceptionnel en portant les armes contre sa patrie?

Après la guerre on renvoie les prisonniers.

Mais la guerre ne finit que par des traités.

Madame ne pouvait traiter pour son fils ; et si, par impossible, elle eût renoncé aux droits de Henri V, cette renonciation eût été nulle.

Nous reconnaissons que la duchesse de Berri n'avait pas qualité pour renoncer aux prétentions de son fils ; nous n'accepterions pas, d'ailleurs, une telle renonciation, quand même elle émanerait directement du prétendant lui-même devenu majeur, car nous ne lui reconnaissons aucun droit ; mais la duchesse pouvait demander la faveur d'être conduite hors de France, en échange de l'engagement formel de n'y jamais rentrer, et de ne tremper désormais dans aucune tentative nouvelle. Un général qui, après avoir consciencieusement servi son souverain, aurait été fait prisonnier, manquerait-il à l'honneur en renonçant à porter les armes contre l'ennemi qui lui rendrait la liberté sur sa parole ?

Si Madame continue à être détenue sans jugement, quel sera le terme de sa captivité ?

Nous ne sommes pas dans la confidence du pouvoir, mais nous pensons que la duchesse à ses propres destinées dans ses mains, et que le Gouvernement, satisfait de l'avoir convaincue d'impuissance, doit être disposé à accepter, non pas une soumission qui serait humiliante pour l'une des parties, et qui est inutile à l'autre, mais des engagemens de neutralité absolue. La princesse a fait plus que son devoir envers son fils, il faut qu'elle songe que l'humanité lui impose aussi des obligations.

La parenté de Madame avec Louis-Philippe et plusieurs souverains alliés de la France, ajoute au scandale de sa détention.

Si l'exercice du droit de légitime défense pouvait être un scandale, la responsabilité en devrait retomber sur les auteurs de l'attaque.

La duchesse de Berri est, il est vrai, parente du Roi des Français; mais nous vivons sous un régime constitutionnel, et à coup sûr elle n'est pas parente du Gouvernement responsable de la France.

Les liens du sang l'attachent à des alliés que nous respectons : eh bien! que ces alliés nous donnent des garanties contre de nouvelles entreprises de la duchesse avant de nous la redemander; ils savent par expérience que leurs conseils ne suffisent pas à l'éclairer.

Si on peut détenir arbitrairement Madame, il n'y a plus en France de liberté individuelle ni de sécurité pour qui que ce soit.

La duchesse est dans une position d'exception qui n'est point le fait du Gouvernement, et qui préexistait à son entreprise. Elle a été bannie par un acte nécessaire de cette révolution nationale dont le Gouvernement a la mission de conserver les conséquences, acte qui n'était pas dans le droit commun, et qui a créé pour elle, ou si l'on veut contre elle, un droit exceptionnel. Ce même droit ne peut être invoqué que contre ceux qui ont été frappés par le même acte d'où il émane. Il est donc absurde de dire que chacun peut être inquiet pour lui-même si la duchesse est soustraite au droit commun. En rompant son ban pour venir guerroyer au profit d'un prétendant, elle s'est soumise aux chances de la guerre. Il n'y a, chez aucun peuple civilisé, de tribunal institué pour juger les prisonniers de guerre ; le pouvoir exécutif en dispose dans les limites posées par le droit des gens, parce que le pouvoir exécutif est seul chargé partout (que le Gouvernement soit absolu, parlementaire ou démocratique) de faire la guerre, la paix et les traités. Tout se réduit donc ici à une question de responsabilité ministérielle.

Tel a été le cercle parcouru par l'argumentation des légitimistes; ils ne manqueront pas, sans doute; de trouver que nous y avons répondu bien cavalièrement. Nous détruirons ce reproche par une observation bien simple.

Tout l'échafaudage de raisonnemens qu'ont bâti les avocats de la duchesse, n'est en définitive qu'un voile maladroitement ajusté à cette proposition : *Henri V est roi de France.* A quoi servirait de fouiller au fond des choses avec des adversaires dont la foi politique est un dogme absolu qui n'admet point l'examen? Aux yeux des légitimistes purs, la discussion seule est déjà une hérésie. En donnant à la légitimité une origine divine, en faisant de sa cause la cause de Dieu, ils l'ont placée dans une région où l'homme ne peut l'atteindre. Ils regardent en pitié, du haut de leur mysticité, nos doctrines d'invention humaine, et soutiennent que nous ne connaissons d'autre *raison* que la *force*, d'autre *droit* que le *fait*. La légitimité est pour eux comme un mystère sacré, et la souveraineté nationale une espèce d'athéisme politique. En vain leur représenterait-on que si leur principe a deux fois battu les faits, ceux-ci le lui ont rendu au centuple; immobiles sur ce principe immuable, qu'ils doivent croire éternel puisqu'ils l'appuient sur un prétendu droit divin, ils voient passer les faits, non pas sans s'irriter, mais sans se décourager. Ils ont le temps d'attendre, et l'avenir ne saurait leur manquer. Qu'ils attendent donc. Et, sans nous arrêter à prêcher des fous qu'il est impossible de convertir, laissons-les mourir dans l'impénitence finale.

A l'exposé rapide que nous venons de tracer de la conduite du parti légitimiste depuis la révolution de juillet, il nous reste à ajouter un dernier trait.

La presse de chaque opinion a ses troupes légères armées des traits de la satire, qu'elles lancent avec plus ou moins de malice et d'adresse, et contre lesquels chacun se fait une cuirasse de son bon sens. L'un de ces traits avait été décoché *contre l'honneur de Madame*, et aussitôt un de ses chevaliers d'en demander raison au discourtois journaliste. Passe encore si les choses en étaient restées là; mais elles s'envenimèrent, comme tout ce que touche l'esprit de parti : les provocations se multiplièrent, et, à propos d'explications beaucoup moins hostiles que tout ce qu'on s'est dit de part et d'autre depuis plus de deux ans, voilà que les écrivains légitimistes descendent au rôle de spadassins, et prétendent défendre, la dague au poing, la cause au service de laquelle ils avaient mis leurs plumes et leurs talens.

Le plus illustre des champions de la mère du prétendant peut écrire que le Gouvernement l'a réduit à un *duel* par la réponse évasive qu'un ministre a dû faire à des demandes déplacées; il n'y a là qu'un petit mouvement de vanité bien pardonnable à l'outrecuidance d'un tel paladin; et d'ailleurs, l'argumentation fut heureusement, pour ce pauvre Gouvernement, l'arme dont fit choix son redoutable adversaire : mais que la polémique dégénère en cartels; que la liberté de la presse ne puisse plus s'exercer que sous le bon plaisir de l'épée; que les prévôts d'armes s'érigent en censeurs, et que l'homme qui ne sait manier ni le fleuret ni le pistolet, soit condamné à ne plus écrire, à ne plus penser, c'est là une monstruosité plus absurde encore que scandaleuse, et dont le ridicule fera justice. C'est bien assez que, résistant aux progrès des lumières, le duel soit resté comme une lèpre nécessaire dans nos mœurs privées, sans le faire encore entrer dans nos mœurs politiques; aussi pensons-nous que les provocations que nous venons de déplorer n'auraient pas dû être accueillies. Il y a plus de courage à refuser certains défis qu'à y répondre.

La raison est austère, et si elle peut adoucir des reproches qui ne s'adressent qu'à un égarement de l'honneur, elle n'en doit pas moins tenir un langage de vérité. Nous dirons donc que l'éloquent et courageux écrivain sur la tête duquel s'estconcentré tout l'intérêt de ces malheureuses affaires, a failli en consentant à soutenir ses principes l'épée à la main.

Et d'abord, il manquait à la mission de progrès qu'il s'est imposée, en désertant la tribune du journaliste pour le champ clos du spadassin; il manquait au siècle éclairé, dans l'histoire duquel il ambitionne sans doute de placer son nom, en l'effrayant d'un spectacle digne des époques les plus barbares du moyen-âge; il manquait à son pays qu'il aime si chaleureusement, en ne reculant pas devant la crainte de lui donner peut être le signal de la guerre civile; ensuite, et sans prétendre déprécier la personne de son adversaire, que nous ne connaissons pas plus que nous ne le connaissons lui-même, il nous semble qu'en admettant même l'insupportable abus des combats singuliers pour affaire de parti, encore faudrait-il que le chef qui représente la tête d'un parti ne se mesurât qu'avec un champion qui tînt un rang aussi élevé dans le parti opposé, et que les chances ne sont pas égales, si chacun des camps ennemis n'a pas une perte égale à redouter.

Mais hâtons-nous d'abandonner un si déplorable sujet, et après avoir examiné la conduite du parti légitimiste envers la révolution de 1830, recherchons quelle a été celle du parti républicain envers le Gouvernement qu'elle a fondé. Nous opposerons ensuite à ce double tableau la conduite du Gouvernement envers les factions, et nous essaierons alors de tirer quelques conséquences des faits accomplis.

CHAPITRE III.

Conduite du parti républicain.

Après tant d'abus du pouvoir monarchique, soit aux jours du glorieux esclavage auquel nous avait façonnés l'Empire, soit au temps de la fallacieuse et précaire liberté que la restauration nous avait offerte comme un leurre, on eût pu craindre de voir, par une réaction naturelle, la république surgir du triomphe populaire de juillet et s'as seoirsur les débris de la vieille monarchie que le peuple venait de briser encore une fois. Cependant les idées républicaines, loin de prévaloir sur le besoin si universellement compris de continuer l'expérience de la monarchie représentative, en en rectifiant les bases, osèrent à peine se produire d'abord, et laissèrent le champ libre aux idées rivales. Ce ne fut pas seulement, comme on l'a dit, parce que le souvenir de

1793 faisait du nom seul de la république un épouvantail pour la France, mais plus encore parce que le peuple possédait en 1830 une admirable intelligence des mœurs du temps, parce qu'il sentait que la république rendait impossible tout rapprochement, toute fusion des partis, et provoquait à la fois la guerre civile et la guerre étrangère, et parce qu'enfin l'enivrement même du combat n'avait pu faire taire ce sentiment d'ordre public et cette soif de paix qui étaient dans tous les cœurs. Sans doute, dans les classes inférieures, qui avaient fourni presque tout le contingent des combattans de juillet, il se trouvait malheureusement un bon nombre de ces hommes turbulens qui n'ont rien à perdre dans les commotions publiques, et qu'un vague instinct d'indépendance eût poussés à soutenir le parti républicain; mais l'intervention de la bourgeoisie suffit pour les maintenir; et quant à ces jeunes hommes, plus haut placés dans l'échelle sociale, dont l'ardente imagination rêva un instant la réurrection d'un gouvernement purement démocratique, ce furent de vénérables citoyens, qui avaient fait autrefois eux-mêmes l'ornement et l'orgueil de la république, qui les en détournèrent par des conseils aussi sages que désintéressés.

La monarchie de 1830 fut donc fondée sans aucune contestation, je pourrais dire sans la moindre protestation de la part des républicains, et même aux applaudissemens de tous ceux d'entre eux qui furent assez patriotes pour sacrifier leurs convictions à celles de la majorité.

Mais il se trouva bientôt des hommes qui regrettèrent l'occasion perdue, et s'imaginèrent qu'ils pourraient exécuter sous un Gouvernement établi, et lorsque tout était rentré dans l'ordre, ce qu'ils n'avaient osé tenter au moment où l'absence de tout pouvoir constitué laissait la société sans défense; ils se sentirent encouragés à faire un appel aux passions populaires, en voyant combien les résultats d'une révolution, d'abord si universellement accueillie, avaient presque aussitôt rencontré de détracteurs.

On sait qu'après l'établissement d'un pouvoir nouveau, il se trouve toujours une classe d'individus à part qui forment une réserve disponible où les factions vont puiser des renforts. Cet élément de troubles devait surtout exister après que la monarchie de 1830 eut révélé par quelques actes significatifs sa vocation de clémence envers les vaincus et de modération envers l'étranger; quand elle eut prouvé qu'elle ne se croyait pas instituée pour assurer la domination d'un parti sur un autre, mais pour comprimer également toutes les factions au profit de la société. Ce furent donc tous les exaltés qui auraient voulu trouver dans la révolution de juillet un prétexte de réaction à l'intérieur et à l'extérieur; ce furent tous ceux qui avaient fondé sur leur coopération aux grandes journées des espérances personnelles d'avenir ou des rêves d'ambition que l'événement ne réalisa pas; ce furent tous les mécontens par tempérament, dont l'imagination inquiète court toujours après le changement et la nouveauté, qui, groupés pêle-mêle sous la bannière républicaine, composèrent, sans conventions arrêtées, le parti dont quelques esprits supérieurs se posèrent les chefs, dans l'espoir de le discipliner.

La *future* république eut dès-lors à la tête de ses partisans quelques intelligences hardies, à convictions énergiques, mais que leur élévation même isolait du gros de la faction; au second rang, des intrigans et des ambitieux à convictions conditionnelles et calculées; et au-dessous, une tourbe trop ignare pour s'élever jusqu'à une conviction quelconque. Cette soldatesque indisciplinée du parti, dont il avait fallu rechercher l'alliance et flatter les passions, puisque ce n'est soi-disant que pour les classes inférieures, et assurément que par les classes inférieures, que la république peut se produire, devint entre des mains débiles un instrument dangereux qui frappa toujours au-delà du but.

Il n'y eut pas plus d'unité dans les doctrines de la faction, que d'homogénéité dans ses élémens; et tandis que la masse, sans rien comprendre à la question, s'efforçait de se persuader qu'elle était républicaine pour se donner la satisfaction de se croire une opinion, les faiseurs de théories se divisaient sur les moyens d'exécuter leurs inexécutables desseins.

Les uns, admirateurs exclusifs du système qui régit, depuis bientôt un demi-siècle, l'Amérique du nord (système qui touche peut-être à de rudes épreuves), divisaient la France en états partiels unis par un lien fédératif.

Les autres, enthousiastes des souvenirs de

la Convention, voulaient que la république restât *une et indivisible.*

Ceux-ci demandaient la propagande par les armes; ceux-là se contentaient d'une propagande par les idées.

Mais ni les uns ni les autres ne proposèrent de système gouvernemental ou de plans d'améliorations matérielles, qui ne fussent à la portée d'une monarchie constitutionnelle tout aussi bien que d'une république.

Le parti commença par tenter de ressusciter les clubs révolutionnaires. De prétendus *amis du peuple* semèrent parmi le peuple les doctrines les plus subversives, répandirent sur le Gouvernement, dans d'ignobles pamphlets, le venin de la plus grossière calomnie, fomentèrent des troubles, soldèrent des émeutes et organisèrent l'anarchie. En vain la garde nationale qui est, à notre avis, la véritable société des amis du peuple, chassa-t-elle ces nouveaux jacobins de leur manége; en vain la justice ordonna-t-elle la dissolution de l'association; l'esprit de faction est vivace, il n'est force matérielle ou morale qui puisse le tuer avant le temps; et la persécution dont ils se prétendent frappés ne fit qu'accroître l'exaltation des anarchistes. D'autres associations se formèrent bientôt sous les auspices de la société-mère, se parant de noms et affectant des allures encore plus révolutionnaires. Partout où il y eut quelque prétexte de tumulte, quelque espoir de collision, on retrouva l'action des sociétés populaires; mais partout aussi où il y eut des troubles à réprimer, on retrouva calme, compacte, intrépide et unanime, cette garde nationale qui est la force intelligente du pays, organisée pour la défense des intérêts sociaux, et que l'esprit de parti n'a calomniée que parce qu'elle s'est prononcée pour les faits accomplis contre les théories chimériques, et pour la loi contre la sédition. L'armée, qui comprend si patriotiquement l'alliance et la mesure de ses devoirs militaires envers le pouvoir sous les ordres duquel l'a placée la constitution, et de ses devoirs civiques envers le pays auquel elle appartient par le sang, se montra constamment inébranlable dans son obéissance, et n'hésita jamais entre la garde nationale et l'émeute.

L'émeute, cette hideuse et menaçante ivresse d'une populace effrénée, qui est un c ime de lèse-nation dans un pays civilisé, et surtout dans un pays qui s'est doté lui-même d'institutions parlementaires et de la liberté de la presse; l'émeute résuma long-temps, dans sa brutale expression, tout le système du parti républicain. Indocile à la voix de ses chefs, la faction puisa son plan de campagne dans ses vieux souvenirs de violence, comme si le terrorisme était encore possible, aujourd'hui que les honnêtes gens savent ce qu'ils peuvent et ce qu'ils valent.

On rua le peuple sur l'un des pouvoirs de l'Etat constitué en jury national, l'excitant à arracher des accusés à leurs juges; on voulait l'habituer à se faire justice par l'assassinat; on espérait que cette curée de quatre victimes le mettrait en goût de se repaître de sang; et comme le butin est le prix ordinaire et l'appât du massacre, on le poussa bientôt à châtier par le pillage des provocations coupables, sans doute, mais dont la séditieuse audace n'excuse pas les scènes de vandalisme qui épouvantèrent la capitale la plus policée de l'univers.

Heureusement le peuple s'arrêta de lui-même dans cette voie de barbarie où ses flatteurs voulaient l'égarer; et, il faut le reconnaître, les sommités du parti républicain désavouèrent honorablement des excès dont je me plais à reconnaître qu'elles ne doivent pas partager la solidarité.

Après ces déplorables essais, qui eurent du moins l'avantage de servir de leçon au vrai peuple de juillet, il ne resta plus à la disposition des émeutiers que cette horde de vauriens dévorés de passions et dénués de ressources, qui font la plaie de toutes les grandes villes, gens qu'on reconnaît à la mine, auxquels on peut à toute heure offrir un écu pour troubler l'ordre public, et qui semblent n'endosser la livrée d'une opinion politique que pour la déconsidérer et l'avilir.

Le carlisme, qui s'accommoderait provisoirement de la république, comme d'un acheminement vers la restauration; le carlisme, convaincu que tout ce qui ébranle le gouvernement de juillet, raffermit les espérances plus ou moins éloignées de la légitimité, ne dédaigna pas la coopération de pareils auxiliaires; il acheta donc souvent les services de ces artisans de troubles, qui s'étaient fait de l'émeute une industrie; ceux-ci, poussés par un instinct de turbulence et de vénalité, se vendaient sans savoir à qui, et, comme ils se vendent quelquefois sans s'en douter, à la police qui les traque. De là ces accusations d'une alliance impossible entre le parti légitimiste et le parti républicain, dont les instrumens secondaires peuvent se trouver simultanément en jeu, mais dont les moteurs ne se rapprocheront jamais.

Enfin, quand l'émeute fut usée et convaincue d'impuissance, on chercha à l'agrandir jusqu'à l'insurrection.

Un funeste événement, prévu depuis plusieurs jours, la mort de l'un des plus illustres défenseurs de la liberté, vint offrir une occasion favorable de réunir sous la direction des meneurs les plus entreprenans le ban et l'arrière-ban de la faction. A une autre époque, un deuil semblable, une perte encore plus grande, avait provoqué une éclatante manifestation de l'opinion publique, mais grave, digne, silencieuse comme il convient à des honneurs funèbres. Cette fois ce ne fut pas par des larmes, mais par du sang qu'on voulut honorer des mânes glorieux, et les adieux de Paris au guerrier patriote qui avait étouffé une guerre civile devaient être le signal d'une autre guerre entre Français.

Ce ne fut point l'émeute indécise, vagabonde, sans plan concerté, sans but fixe, promenant au hasard, dans son délire, le tumulte et la menace; ce fut l'insurrection réfléchie, préparée de longue main, pourvue d'armes à l'avance, et dirigée par les stratégistes du parti. Ce fut la guerre, mais une guerre qui devait apprendre à la France que les minorités ne peuvent plus vaincre les majorités. Au lieu de la sympathie qu'elle espérait exciter, l'attaque souleva une indignation unanime; et, dès-lors, la defaite des insurgés dut être d'autant plus complète que leur résistance serait plus héroïque; aussi l'avant-garde de la république périt-elle en entier dans ces déplorables combats, emportant au moins avec elle tout ce que peut donner de gloire un courage mal employé.

C'est ici le lieu d'apprécier un acte d'une haute gravité, qui a pu paraître avoir une étrange connexité avec ces tristes événemens, nous voulons parler du *Compte-rendu*. Certes ce n'est pas nous qui accuserons les signataires d'avoir, par cette espèce d'insurrection parlementaire, donné sciemment le signal de l'insurrection armée. Ce n'est pas nous qui accuserons l'opposition en masse de républicanisme, quand nous voyons parmi ses membres des hommes qui ont si puissamment contribué à l'établissement de la monarchie de 1830, et quand nous savons que l'opposition se divise en plusieurs nuances si tranchées; mais nous nous éleverons avec énergie contre ces protestations collectives, délibérées hors du temps et du lieu dans lesquels sont enfermés les pouvoirs législatifs; contre ces accusations de la majorité par la minorité, qui sont un attentat à la constitution du pays, et une subversion du principe sur lequel est basé tout le système constitutionnel.

Le Compte-rendu fut d'ailleurs une faute que l'opposition a payée de sa popularité. Aveuglée par son imprévoyante ardeur, elle n'a pas senti que, par une telle démarche, elle abdiquait d'avance les chances qui lui restaient d'arriver au pouvoir, et qu'elle tendait, sans le vouloir, un piége aux plus exaltés de ses partisans; car qui oserait affirmer qu'aucun des fauteurs égarés de cette sédition n'avait pu croire trouver un encouragement à la révolte et l'offre d'un point d'appui assuré dans ce malencontreux manifeste, si promptement suivi de la prise d'armes des républicains.

La presse républicaine fut, pour tous les hommes qui prennent la peine de comparer, le contre-poison de la presse légitimiste. Tandis que les carlistes criaient à la persécution et à l'arbitraire, les républicains accusaient le Gouvernement d'une lâche complaisanche pour les carlistes, et ces accusations contradictoires se détruisaient mutuellement.

La presse légitimiste s'était obstinément refusée à accorder au Gouvernement d'autre respect que la soumission forcée qu'on ne peut dénier à un fait, même en protestant contre son accomplissement ; la presse républicaine, comme pour ne pas rester en arrière, proclama, de son côté, qu'il n'y avait point de transaction possible entre la nation qui veut être libre, et la monarchie qui l'opprime.

La presse légitimiste avait accusé le Gouvernement de lâcheté dans ses rapports avec l'étranger ; la presse républicaine l'accusa de trahison.

La presse républicaine effraya l'Europe de ses menaces de propagande, augmenta la défiance qu'avait occasionnée la révolution de juillet, mal comprise d'abord à l'étranger, et doubla les embarras diplomatiques de cabinet.

Elle poussa à la révolte des populations déjà émues par l'exemple de la France ; et, après les avoir imprudemment lancées dans la carrière des révolutions, elle accusa le Gouvernement de les y abandonner.

Elle excita la France à la guerre, qui est toujours un danger pour la liberté et un ob-tacle à la civilisation ; et, lorsque le G-vernement fut dans la nécessité de recour- aux armes pour assurer l'indépendance de la Belgique, sans laquelle la nôtre serait compromise, elle le blâma de ne pas savoir conserver la paix.

Elle se trouva d'accord avec la presse légitimiste pour poursuivre des sarcasmes les plus amers la conférence de Londres, qui eut pourtant le mérite d'effacer les combiniasons anti-françaises de la Sainte-Alliance.

Enfin, les deux presses ennemies se vantèrent en même temps de voir grossir chaque jour le nombre de leurs adhérens, tandis que les opérations électorales de toutes les assemblées appelées à choisir les députés, les conseillers municipaux et les officiers des gardes nationales, véritable et seule expression légale de l'opinion de la France, révélaient, au contraire, chaque jour tout l'assentiment que la marche du Gouvernement trouvait dans le pays.

Je ne reprocherai pas à la presse républicaine d'avoir reproduit les discours du *vertueux* Robespierre. Cette gaucherie ne provient pas des écrivains du parti, mais de quelques énergumènes des clubs. Je citerai seulement, pour rappeler jusqu'où a été poussée l'hostilité, ces lettres acerbes, publiées sous le prétexte de la nécessité d'une sanction populaire et à l'occasion de la liste civile, philippiques haineuses, dans lesquelles on retrouve, non pas l'esprit original et naïf, mais la mordante acrimonie de ce malicieux Paul-Louis Courrier, qui fut au pamphlet ce que Béranger est à la chanson.

Cependant la guerre de la plume, qui ne pouvait, comme celle des armes, finir par un combat perdu, rentra peu à peu dans des limites plus dignes, et ses organes les plus modérés virent leur influence sur le parti s'accroître de toute celle que perdaient ses organes les plus passionnés. Ce commencement de discipline étant le seul progrès qu'aït fait jusqu'ici le parti républicain, il est juste de le reconnaître et de le constater.

CHAPITRE IV.

Conduite du Gouvernement envers les partis.

Harcelé sans relâche par ces deux ennemis, également acharnés à sa perte, quel moyen de défense employa le nouveau pouvoir? Un seul, la légalité.

Fort de la nécessité qui l'avait créé, il eut foi dans la raison publique et ne rechercha pas d'autres suffrages ; fidèle à la mission de conciliation et de clémence que lui imposaient la pureté de la révolution de juillet et la douceur des mœurs de l'époque, il n'exerça ni ne souffrit aucune réaction; impassible, au milieu des passions qui l'entouraient, il se posa au dessus des partis, non pour les écraser mais pour les comprimer.

Il appela à lui tous les hommes de bonne-foi, et accueillit sans défiance quiconque se présentait. A ceux de ses ennemis présumés ou avoués que la Restauration avait placés dans les rangs de la magistrature ou de l'armée, il ne demanda d'autre garantie que leur serment.

Il paya scrupuleusement le traitement des prêtres qui prêchaient contre lui, abandonnant le soin de les contenir à la discipline ecclésiastique, c'est-à-dire à ces mêmes évêques qui lui donnaient aussi le droit de sévir par leurs mandemens séditieux.

Si le personnel de la haute administration, qui, par une délégation directe de la Couronne, représente sur tous les points de la France le pouvoir exécutif; si les parquets, qui sont chargés de poursuivre en son nom l'application des lois, furent complètement changés, on ne frappa dans tous les autres emplois que les hommes qui se compromirent par une intolérable hostilité, et il s'en faut de beaucoup que les ennemis du Gouvernement aient été éloignés par lui des fonctions publiques dans la même proportion qu'ils le furent des corps électifs par le vote du pays.

Cette modération du pouvoir avait un avantage politique, celui de diviser la faction carliste et de neutraliser une partie très-active et très influente de ses forces; aussi, hormis quelques exemples d'une scandaleuse ingratitude, tous les hommes conservés dans leurs emplois, malgré leurs opinions suspectes, étouffèrent leurs regrets et servirent bien.

A la presse des partis le Gouvernement opposa une presse ministérielle ; c'était son droit et son devoir. Le pouvoir doit être à toute heure prêt à expliquer ses intentions et à justifier ses actes. La faculté acquise à tout le monde en France de discuter toutes les doctrines et tous les faits implique l'obligation pour le Gouvernement de prendre part à cette vaste polémique. Il y doit intervenir, non seulement dans l'intérêt de sa propre conservation, mais aussi pour la défense de la société dont il est chargé d'assurer le repos et le progrès.

Peut-être pourrait-on reprocher à la presse ministérielle de n'être pas toujours restée à la hauteur de sa mission, de n'avoir pas toujours fait preuve d'une égale habileté et de s'être écartée dans plusieurs occasions de cette dignité calme qui est l'apanage de la raison. L'opposition, par cela seul que son métier est d'attaquer sans cesse, peut se montrer parfois inexacte, acerbe, injuste même, sans que ses écarts tirent à conséquence, mais il n'en est pas ainsi du pouvoir; placé au dessus des passions politiques, il ne doit jamais descendre de cette sphère élevée jusqu'aux petitesses de l'esprit de parti. Il ne doit pas rechercher la satisfaction de récriminer, mais l'avantage de persuader. Plus sa défense sera simple et nette et plus ses détracteurs perdront de leur crédit.

Malgré cette insuffisance à remplir sa tâche difficile (insuffisance dont ce n'est pas ici le lieu de rechercher les causes et dont il ne m'appartient pas d'indiquer le remède), la presse ministérielle a rendu d'incontestables services. Il n'est pas d'attaque qu'elle ait laissée sans réponse, pas d'erreur qu'elle n'ait redressée, pas d'accusations dont elle n'ait fait justice.

La liberté de la presse cause autant d'embarras aux gouvernans qu'elle assure de garanties aux gouvernés. Moins préoccupé de ses inconvéniens que de ses avantages, le Gouvernement a montré le respect le plus scrupuleux pour le principe, et n'en a poursuivi que les abus. Sans doute les procès ont été nombreux ; sans doute il y a eu des accusations hasardées , et peut-être pourrait-on adresser à certains réquisitoires des reproches analogues à ceux que je faisais tout-à-l'heure à la presse ministérielle ; mais ce sont là des faits exceptionnels, de peu d'importance ; et même, aux jours où ils excitaient la sollicitude publique, l'opinion ne s'est jamais éloignée du Gouvernement.

Le parti républicain a accusé le Gouvernement d'avoir ménagé les feuilles carlistes, et réservé toute sa sévérité pour les journaux patriotes : mais sous un gouvernement monarchique, si libéral qu'il puisse être, la prédication franche et hardie des doctrines républicaines devait donner plus de prise aux poursuites judiciaires que la cauteleuse discussion de l'origine du pouvoir royal.

. . . .

Le Gouvernement, menacé par des émeutes continuelles, a maintenu ou rétabli la tranquillité publique, sans verser de sang ; la constance et le sang-froid des gardes nationales, le dévouement et la fidélité des troupes, la prudence et l'ascendant de ses magistrats, ont été ses seuls moyens de répression ; mais lorsque l'émeute s'est convertie en sédition armée, en guerre civile, il a recouru, sans hésitation, à la force dont il est dépositaire, montrant ainsi aux partis qu'il savait, au besoin, user de cette énergie que chacun d'eux lui reprochait, depuis long-temps, de ne pas employer contre son rival.

Plusieurs départemens de l'ouest, sur la demande réitérée de leurs députés, furent mis en état de siége. Les journaux républicains avaient eux-mêmes réclamé cette mesure. Paris, placé par la révolte dans une situation bien plus périlleuse pour l'Etat, dut subir momentanément la même loi. Ici se renouvellent les plaintes jalouses. Dans ces deux circonstances analogues, le Gouvernemens aurait traité les Vendéens avec ménagement, et les patriotes avec barbarie. Le Gouvernement, dont la modération est sans faiblesse, comme la fermeté sans rigueur, a tout simplement approprié sa défense à l'attaque. Si les républicains, divisés en bandes introuvables, eussent tenu campagne dans un pays bosselé, marécageux, hérissé de bois, de bruyères, de haies vives, coupé de chemins creux, et couvert d'une population imbue de préjugés favorables à la république, le Gouvernement n'eût pu leur faire une autre guerre que celle qu'il a faite aux chouans; que si au contraire les bandes légitimistes, réunies en un corps compact, eussent attaqué le Gouvernement dans sa capitale, il n'eût pas manqué de déployer contre eux la même vigueur qu'il a montré contre l'insurrection républicaine.

L'arrestation de la duchesse de Berri répond d'ailleurs à ces accusations de partialité. Certes le Gouvernement a porté là au parti de Henri V un coup tout aussi décisif que l'a été pour le parti républicain la défaite du Cloître Saint-Merry. Un parti populaire n'a pas de chef nécessaire ; si l'un vient à lui manquer, un autre sort des rangs ; mais le parti d'un prétendant n'a qu'un seul chef possible ; c'est celui dans lequel se personnifie la cause ; et quand ce chef n'a pu réunir assez d'amis pour tenter un coup de main, et qu'il est tombé sans défense au pouvoir du Gouvernement qu'il venait renverser, on peut dire que le parti est perdu sans ressource.

Voilà donc la république et la légitimité vaincues, et, dans cette double épreuve, l'opinion de la France et la force publique prêtant, sans hésitation, aide et assistance à la monarchie de 1830. Cet immense résultat est d'autant plus remarquable, que, des deux antagonistes du Gouvernement, l'un s'adressait aux passions religieuses, et l'autre aux passions populaires, c'est-à-dire aux deux plus puissans ressorts qui aient jamais remué le pays, tandis que le pouvoir ne pouvait invoquer que le bon sens national, et que, né d'hier, sans souvenirs et sans gloire, il n'avait pour lui que le sentiment de son utilité et la conscience de l'avenir.

Il est vrai que les partis, par leurs fautes, ont aidé au triomphe du pouvoir qu'ils attaquaient; leurs excès, en effrayant la raison publique, ont contribué à la rallier au Gouvernement. Ils l'ont compris après coup; aussi en sont-ils venus aujourd'hui, sinon à résipiscence, au moins à composition. Sans rien rabattre de leur inflexibilité sur les principes, ils se sont amendés dans leurs moyens; ainsi les républicains, tout en continuant de poursuivre à outrance la monarchie dans leurs journaux, ont renoncé aux luttes violentes dans lesquelles ils ont été vaincus, et, de leur côté, les légitimistes protestent de leur horreur pour l'invasion étrangère et même pour la guerre civile, depuis que ces deux ressources leur ont manqué. Chacun sent le besoin de se rapprocher du pays, et proclame que le prosélytisme est la seule voie honorable qui lui reste pour amener ses doctrines à ressaisir le pouvoir. Eh bien ! des partis qui en sont réduits à reculer, ont manqué leur but. Ils pourront continuer à exister comme opposition progressive et comme opposition rétrograde, l'une cherchant à hâter et l'autre à retarder l'élargissement des institutions populaires ; mais de république et de restauration, il n'en sera bientôt plus question que pour la forme ; et le Gouvernement de 1830, chaque jour plus affermi, s'il continue à marcher dans la ligne où il a déjà recueilli tant d'élémens de consolidation, n'aura plus à redouter que les vicissitudes ordinaires qui, après une longue durée, menacent tous les établissemens fondés par les hommes.

Les républiques ont dû précéder les monarchies, puisqu'elles sont l'expression la plus simple d'une association politique. La nécessité de renforcer et de concentrer le pouvoir à mesure que la société s'est étendue, a créé les monarchies, nécessairement électives d'abord ; le besoin de remédier aux tourmentes de l'élection a produit les monarchies héréditaires ; enfin, l'abus d'un pouvoir sans contrôle a engendré les monarchies constitutionnelles, qui sont, à leur tour, aujourd'hui, l'expression de l'organisation sociale la mieux appropriée à l'état intellectuel et au degré de civilisation des peuples modernes de l'Europe. J'admets que, dans l'avenir, une nouvelle forme de Gouvernement qui nous est encore inconnue, puisse remplacer celle-là ; mais il me semble évident qu'un pareil changement ne pourrait s'accomplir qu'après que les Gouvernemens représentatifs, qui viennent à peine de naître, auraient été usés par une longue existence.

CHAPITRE V.

Politique extérieure du Gouvernement, depuis la révolution de juillet.

Si la révolution de juillet dut naturellement exciter une vive sympathie chez quelques peuples, elle dut plus nécessairement encore inspirer des inquiétudes et des défiances à tous les Gouvernemens. L'insurrection chassant toute une race de Rois, et redressant un drapeau que nos armées triomphantes avaient jadis planté sur tant de capitales, ne pouvaient manquer de paraître, au premier aspect, menaçante pour tous les trônes. Un pouvoir, fondé dans un but de rénovation, se croirait-il obligé de respecter les traités que la victoire avait jadis imposés au pouvoir renversé ? Ne serait-il pas entraîné par l'ardeur du parti populaire dont il était sorti à ressaisir ces anciennes frontières du Rhin, objets de tant de regrets et de convoitise? Ne commencerait-il pas les hostilités par des tentatives de propagande révolutionnaire; et cette grande commotion de la société francaise n'allait-elle pas devenir le signal d'une inévitable conflagration européenne? Peut-être alors, si les intérêts matériels eussent été moins fortement engagés à la paix; si les finances et le crédit de la plupart des Etats ne se fussent pas trouvés dans une situation presque critique; si quelques provinces à maintenir dans l'obéissance, et d'ambitieux voisins à surveiller n'eussent point employé une grande partie des troupes de chaque empire; enfin, si le progrès de l'esprit public en Europe, auquel cette nouvelle révolution devait encore imprimer un mouvement plus prononcé n'eussent donné à craindre de certaines résistances; peut-être, dis-je, on eût pu voir tous les alliés de la dynastie déchue former encore une coalition contre la France. Mais, enchaînés par tant d'obstacles, les Cabinets durent se demander, si des Princes qui n'avaient pas su conserver un trône qu'on avait deux fois reconquis pour eux, offraient assez de garanties pour qu'on s'engageât encore dans une lutte où la France déploierait de nouveau toute la vigueur qu'on lui connaît. On se demanda, si la substitution d'une monarchie à une monarchie, au milieu même de la tourmente révolutionnaire, n'était pas déjà un gage de sécurité donné par la France, et si le prince qui avait inspiré au pays assez de confiance pour être appelé au trône, n'aurait pas assez d'influence et de force pour maîtriser l'esprit révolutionnaire, et assurer le maintien de la paix.

Telles étaient sans doute les dispositions des puissances au moment où elles reçurent les premières communications de notre Gouvernement. Si pacifiques que fussent nos ouvertures, elles ne pouvaient d'abord être accueillies qu'avec réserve, et la prudence commandait aux étrangers de rester provisoirement en observation, et sur la défensive.

De son côté, la France avait-elle intérêt à la paix ou à la guerre ? Aujourd'hui que les faits ont justifié les prévisions pacifiques du Gouvernement, la question semble tout-à-fait étrange. En effet, le plus capital des argumens produits contre la paix se réduisait à avancer, que la guerre étant inévitable, al- les Prussiens avaient trop d'intérêt à nous la faire, et qu'il fallait profiter de l'enthousiasme excité par la révolution de juillet, pour les attaquer avant qu'elles n'eussent le temps de se reconnaître. Eh bien! la guerre a été évitée, sans que la France se soit donné le tort d'une agression que rien ne provoquait.

La guerre n'a jamais servi la liberté. La propagande par les armes soulève des résistances là même où on aurait droit à des sympathies. L'exemple d'une révolution sans excès, sans réaction, sans esprit de conquête, doit plus faire pour l'affranchissement des peuples que n'eussent jamais fait toutes les victoires possibles. Notre presse et notre tribune, voilà nos moyens de propagande. Quoi! lorsque le système représentatif et la publicité ont déjà produit tant de fruits à l'intérieur et à l'extérieur; lorsque la paix a suffi à faire faire, en quinze ans, un siècle de progrès à la France, malgré les vues étroites et le mauvais vouloir de la restauration; au moment où l'Angleterre s'efforçait de réformer ses institutions, et l'Allemagne de fonder sa liberté, la dynastie nouvelle eût été, livrer imprudemment aux chances des combats, non-seulement les destinées de la France, mais tout l'avenir de la civilisation européenne ! Mais ce n'eût pas été seulement une imprudence, c'eût été un crime.

La modération avec l'étranger était d'ailleurs une corrélation nécessaire de la modération envers les partis : la guerre au dehors eût presque inévitablement nécessité la violence au dedans.

Le Gouvernement devait donc porter partout des paroles de paix, et se rendre garant de la sagesse nationale. Il le fit avec assez de dignité pour vaincre les préventions ; mais des événemens imprévus vinrent presque aussitôt compliquer les embarras de sa position.

La révolution de Belgique, quelques soulèvemens en Italie, et l'insurrection de la Pologne réveillèrent les méfiances de l'Europe.

On a dit tout ce qu'il y avait à dire sur l'héroïque Pologne. Ce n'est pas ici le lieu de juger sa révolution, mais en tenant pour bons ses griefs et ses moyens, en admettant qu'il pût y avoir pour la France intérêt ou devoir à lui prêter assistance, il faudra toujours avouer qu'il était absolument impossible de la secourir par les armes. Cette impossibilité a été si victorieusement prouvée à la tribune, que la conviction s'en est établie même dans les esprits qui l'ont le plus amèrement déplorée. Ce que la France a pu faire, elle l'a fait, mais malheureusement avec moins de succès que d'insistance, et l'opposition qui fait tant de bruit de la froideur qui existe entre les cabinets de Pétersbourg et de Paris, devrait, au moins, ne pas accuser le Gouvernement d'une lâche complaisance qui, sans doute, eût produit un meilleur accord.

Les mouvemens insurrectionnels de l'Italie, quoique n'étant pas de nature à engager la France dans une guerre au midi, pouvaient servir de prétexte à des réactions, à des mesures rétrogrades, à des manifestations hostiles contre la France, qu'on prétendait en rendre responsable. Une grande puissance occupait militairement les états du Saint-Siége et aspirait au rôle de médiateur suprême entre le pouvoir et les peuples. Il importait à la France de surveiller cette intervention officieuse d'un cabinet qui gouverne à divers titres presque toute l'Italie, on jeta quelques bataillons dans Ancône.

Mais la question de la Belgique était d'une toute autre portée. Il y avait là des intérêts directs, immédiats, des intérêts de conservation pour la révolution de juillet. Le royaume des Pays-Bas avait été créé en haine de la

France. C'était l'avant-garde de la Sainte-Alliance La chaîne des forteresses belges le couvrait du côté de la France, qui lui présentait en regard sa frontière la plus voisine de la capitale.

L'indépendance de la Belgique devait placer au devant de nous un état neutre qui nous servît de rempart. Une restauration en Belgique, au contraire, eût encouragé quelque tentative de restauration en France; la conduite à tenir était donc indiquée par la nature des choses.

Nous conviendrons, volontiers, que la révolution de septembre n'avait pas été provoquée par Guillaume comme celle de juillet par Charles X; mais les griefs de nos voisins n'en étaient pas moins graves, ni leur cause moins juste. Un peuple réuni malgré lui à un autre peuple avec lequel il n'a aucune communauté de langage, de mœurs ni d'intérêts, a toujours le droit de s'en séparer. Tout ce qui n'est fondé que par la force peut être détruit par la force.

Aussitôt cette séparation consommée, le Gouvernement français dut reconnaître le Gouvernement provisoire de la Belgique, et déclarer qu'il saurait faire respecter le fait accompli. Le patronage de la France était assez significatif. L'Europe, en s'abstenant d'intervenir pour la conservation de ce qu'elle avait créé, donna à son tour à la révolution de juillet des gages de modération, et bientôt la France prouva son désintéressement et sa magnanimité d'une manière encore plus éclatante en refusant, pour un fils de son Roi, la couronne que lui offrait le peuple Belge. Cette élection et ce refus font un égal honneur à notre dynastie nationale.

Cependant il fallait régler, par des conventions, cette séparation de territoire. Le Roi dépossédé ne voulait entendre aucune proposition, ni, surtout, traiter directement avec ceux qu'il regardait comme des sujets rebelles. Une commission diplomatique fut instituée, *ad hoc*, sous le nom de conférence. C'étaient les puissances les plus intéressées au repos de l'Europe qui se posaient arbitres du différent, et décidaient préliminairement que leur sentence serait obligatoire avec ou sans le consentement des parties. En détruisant ainsi toutes les combinaisons politiques arrêtées contre la France, après sa défaite, par la coalition, en consacrant une révolution issue de la nôtre, la Sainte-Alliance se soumettait à une véritable abdication; et malgré l'existence écrite qui lui reste encore pour une année, on peut dire qu'elle a dès-lors cessé d'exister de fait.

Pendant que ces négociations se poursuivaient, d'autres négociations assuraient à la France une conquête qui devait suffire à la gloire de la révolution de juillet, je veux parler de l'alliance de l'Angleterre.

L'Angleterre fut long-temps notre ennemie; tant que la guerre sépara les deux peuples, les plus absurdes préjugés alimentèrent ce qu'on appelait alors, à la honte de l'humanité, une haine nationale; depuis la paix, les Anglais et les Français, qui ne s'étaient vus, pendant plus d'un demi-siècle, que sur quelques champs de bataille, se visitèrent chez eux. L'analogie de leurs institutions politiques ajoutait encore à l'intérêt avec lequel ils s'étudièrent mutuellement, et les préventions injustes firent bientôt place à une haute estime. Le peuple Anglais salua avec enthousiasme la révolution de juillet. L'esprit public en reçut en Angleterre une impulsion qui hâta le triomphe du parti de la réforme, et porta au pouvoir les amis de la France.

Ce fut dans ces circonstances que se conclut l'alliance qui unit aujourd'hui les deux premiers peuples du monde, alliance qni peut tout en Europe, et contre laquelle l'Europe ne peut rien; alliance qui pourrait, à la rigueur, dispenser la France d'aucune autre, puisque la coalition de toutes les puissances continentales fût restée impuissante contre l'Empire français, sans les subsides et l'appui de l'Angleterre.

L'opposition accusa le Gouvernement français de se laisser traîner à la remorque par l'Angleterre; mais pendant ce temps-là, l'opposition anglaise accusait le cabinet de Saint-James de se laisser traîner à la remorque par le cabinet des Tuileries, et on publiait à Londres une caricature dans laquelle le premier ministre, représenté sous la forme d'un chat, tirait du feu les marrons que mangeait l'ambassadeur de France, représenté sous la figure d'un singe.

Cette alliance eut bientôt occasion de se manifester par un aete extérieur.

Déjà le territoire de la Belgique avait été violé par l'armée hollandaise, et le drapeau français n'avait eu qu'à paraître pour déterminer la retraite volontaire du prince d'Orange; mais une seconde démonstration devenait nécessaire pour donner aux résolutions de la conférence un caractère décisif, en leur prêtant l'appui de la force. Il fallait montrer au roi de Hollande que l'Angleterre et la France sauraient assurer par les armes l'exécution des arrangemens réglés en commun avec d'autres puissances qui reculaient devant la nécessité d'employer les moyens coërcitifs. Il fallait prouver à l'Europe que le roi de Hollande n'avait pas reçu de ces puissances la mission secrète d'allumer une guerre générale.

Anvers, dont la possession importe tant à la Belgique, était encore au pouvoir de la Hollande; les deux alliés résolurent d'en remettre les clefs au roi des Belges. Leur flotte combinée parut dans l'Escaut en même temps qu'une armée française investissait la citadelle d'Anvers. Assiégée avec autant d'énergie que d'habileté, elle tomba, après une très-honorable résistance, au pouvoir des Français, qui, satisfaits d'y avoir installé une garnison belge, se retirèrent avec un scrupuleux empressement.

Dans cette mémorable expédition, l'art de la guerre se ressentit du progrès moral que la révolution de juillet imprime à tout ce qu'elle touche, comme la diplomatie s'en était ressentie elle-même dans les transactions de la conférence de Londres. Toutes les déclamations de l'opposition ne détruiront pas l'effet salutaire que ces deux grands spectacles ont produit sur la conscience publique.

Aujourd'hui l'Europe est entrée en possession d'un avenir de paix qui sera dû à la modération de notre Gouvernement et à celle qu'il a su imposer aux Gouvernemens étrangers ; et déjà chaque peuple tourne ses regards vers les améliorations que réclament ses institutions politiques.

L'Angleterre poursuit sa noble tâche de réformes intérieures, et plus elle avancera dans cette voie, plus l'alliance contractée avec la France acquerra de solidité ; car, chez elle, tout le parti de la raison et du progrès, c'est-à-dire, le pays presqu'entier, est désormais l'ami de la France.

Toute la société allemande est en travail pour la conquête et l'établissement de la liberté constitutionnelle. Le bon sens de ce peuple flegmatique le préserve des moyens violens ; mais les souverains, quoique ligués contre le développement de l'esprit révolutionnaire, reconnaissent eux-mêmes la nécessité d'améliorations réclamées par l'état actuel des esprits. Des concessions, si elles sont suffisantes et si elles viennent à temps, préviendront le bouleversement qui semble menacer l'Allemagne.

La Suisse a eu en partie sa révolution, et là aussi la modération a prévalu sur la violence, et l'ordre sur l'anarchie.

L'Italie et l'Espagne elle-même entrent dans la carrière des réformes politiques ; quoique tardifs et timides, les essais de leurs Gouvernemens ne peuvent manquer de produire des résultats prompts et étendus.

Enfin, un seul point de l'Europe est aujourd'hui troublé par la guerre, si l'on peut appeler de ce nom la lutte entre don Pedro et don Miguel.

Sans examiner ici jusqu'à quel point les traités existans et la nature de nos relations actuelles peuvent encore nous engager envers le Gouvernement qui opprime en ce moment le Portugal, il faut du moins proclamer que l'opinion publique, en France et en Angleterre, est hautement prononcée en faveur du rétablissement de dona Maria sur le trône, et que les deux peuples appellent de tous leurs vœux une intervention de leurs Gouvernemens dans cette querelle. L'humanité et la politique sont ici d'accord ; il s'agit à la fois de mettre fin à la plus odieuse tyrannie, et de substituer à un système anti-social un Gouvernement qui serve, au midi, de point d'appui à la civilisation. Il n'y a plus que le progrès de possible en Europe, et la paix lui est indispensable; il faut que les propagateurs du progrès établissent au besoin la paix par les armes.

L'Espagne et quelques autres puissances que cette question ne concerne que d'une manière moins immédiate et moins directe, verraient sans doute une pareille démarche avec regret; mais elles s'abstiendraient, à coup sûr, d'y opposer des obstacles sérieux; et si, malgré tous leurs déplaisirs, ces mêmes puissances sont restées impassibles devant la prise d'Anvers, elles n'iraient pas certainement risquer tout ce qu'elles ont à perdre dans une guerre, pour prendre la défense de don Miguel. La France a donné, d'ailleurs, assez de garanties de sa bonne foi et de son désintéressement, pour avoir le droit de faire tout ce qui convient à ses intérêts sans nuire à ceux de ses alliés; et nous ne connaissons à aucun Gouvernement un intérêt réel, un intérêt qu'on puisse avouer à la conservation de l'état de choses qui existe en Portugal.

On observera peut-être que cette intervention rendrait à l'Angleterre toute la prépondérance qu'elle a perdue à Lisbonne, et que nous n'aurions travaillé qu'à rétablir son protectorat.

Nous répondrons : d'abord, que quant au but de donner, sur le continent, un appui, au midi, au système libéral, la France y est bien plus intéressée que l'Angleterre qui, isolée, et vieillie dans les mœurs parlementaires, n'a pas besoin d'alliés créés par des intérêts communs de liberté pour assurer la durée et le développement de ses institutions; en second lieu, que le principe même du Gouvernement qui s'établirait en Portugal serait un obstacle invincible à ce que l'Angleterre y ressaisît une influence exclusive et sans partage; et qu'enfin si, comme je suis le premier à le reconnaître, l'Angleterre devait retirer plus d'avantages que nous de la délivrance du Portugal, il ne lui serait pas difficile de de nous offrir des compensations sur un point qui nous touche de plus près.

Si aucun de ces événemens qui sont en dehors des prévisions humaines, ne vient troubler le cours des destinées que semble réserver à l'Europe l'ère nouvelle que la

France lui a ouverte, le système représentatif s'y établira sur presque tous les points avant un demi-siècle. Une transaction, entre la monarchie et la liberté, est, en définitive, la seule ancre de salut qui reste aux peuples et aux Rois dans l'espèce de naufrage dont le choc de l'absolutisme et de la démagogie semble menacer de loin les sociétés. Alors la liberté rendra à la paix tous les bienfaits qu'elle en aura reçus, car ce n'est pas le seul avantage des institutions libérales de garantir, à l'intérieur, la liberté des peuples et l'inviolabilité des rois, elles exercent aussi une salutaire influence sur les relations des gouvernemens entre eux, et rendent les guerres plus rares et moins désastreuses.

L'alliance de la Russie, de l'Autriche et de la Prusse, qu'on nous présente comme le symbole trinitaire de l'absolutisme, ne saurait arrêter la marche des choses. Ces trois puissances si différentes d'étendue et de conformation, sont composées d'élémens également hétérogènes. L'immensité de celle qu'on redoute le plus, est un principe de dislocation et de faiblesse; la seconde s'épuise à contenir des peuples conquis, dont elle se défie justement; la dernière s'étend depuis le Rhin jusqu'à la Vistule, sur une longue langue de territoire habitée à son extrémité, au sud, par de ci-devant français, et à son extrémité, au nord, par d'anciens polonais!

Les embarras et les soucis que la Pologne donne à la Russie et l'Italie à l'Autriche, les ambitieux projets du Czar sur l'Orient et les inquiétudes jalouses que ces projets causent à toutes les puissances suffiraient, sans les difficultés intérieures et financières, pour priver une alliance entre la Russie, l'Autriche et la Prusse des moyens de contre-balancer la force matérielle et la puissance morale désormais acquises à l'alliance qui unit l'Angleterre à la France.

CHAPITRE VI.

Situation actuelle du Gouvernement et du pays.

Depuis la révolution de juillet, l'opinion publique n'a pas cessé d'accorder au Gouvernement une confiance qui s'est surtout accrue dans cette dernière année, parce que la véritable opinion possède, au plus haut degré, le sentiment de la valeur des faits que les passions émoussent dans les partis.

Récapitulons sommairement les principaux élémens de consolidation qui ont contribué à affermir notre dynastie élue.

Premièrement : avant tout, il faut compter pour beaucoup le temps qui s'est écoulé depuis son établissement, et qui, d'orageux est devenu calme ; le temps, puissant auxiliaire, qui appaise les passions, décourage les haines, habitue à la soumission, et réveille les intérêts privés oubliés dans les agitations publiques.

Ensuite et parmi les faits accomplis à l'intérieur.

Secondement, le système à la fois généreux et habile de modération envers les partis. — La moindre persécution leur eût assuré la sympathie du pays, tandis qu'au contraire c'est un sentiment d'équité qui a réuni tous les bons citoyens dans le besoin commun de défendre un gouvernemeut toujours légal et toujours attaqué. Le cœur français est ainsi fait.

Troisièmement, l'adhésion complète de la France au Gouvernement de 1830, mathématiquement prouvée par le résultat des épreuves électorales qui ont interrogé la conscience du pays. — Dans les colléges électoraux, dans les élections municipales, dans celles des officiers des gardes nationales, le suffrage libre et spontané des électeurs a choisi les neuf dixièmes des élus parmi les hommes les plus dévoués à nos nouvelles institutions.

Quatrièmement, la défaite du parti républicain, dans les fatales journées de juin. — Si elle a malheureusement coûté du sang, elle a du moins rétabli l'ordre public, constamment troublé auparavant, et rétabli depuis.

Cinquièmement, l'arrestation de la duchesse de Berri. — Cet événement a sans doute un côté pénible ; mais il était nécessaire pour achever de pacifier la Vendée, et pour montrer à l'étranger, comme au parti légitimiste, qu'il n'y avait aucune considération au monde qui pût faire oublier au Gouvernement ce qu'il se doit à lui-même, et ce qu'il doit à la révolution qui l'a créé.

Puis et quant à la politique extérieure.

Sixièmement, la paix maintenue, malgré la dissemblance du principe sur lequel a été fondé notre Gouvernement, avec le principe qui sert de base aux autres gouvernemens de l'Europe ; dissemblance que les partis se sont efforcés d'exagérer, pour en faire une incompatibité absolue.

Septièmement, la reconnaissance, par la conférence de Londres, de la nécessité de modifier, dans ses combinaisons hostiles à la France, le système européen, organisé en 1815.

Huitièmement, la création du royaume de Belgique, concession faite à la France, et qui, en lui donnant un voisinage ami, a reculé la ligne d'attaque de l'Europe contre la plus rapprochée de ses frontières.

Neuvièmement, l'alliance de l'Angleterre,

véritable coalition des intérêts progressifs contre les intérêts rétrogrades.

Dixièmement enfin, la prise d'Anvers, consécration par les armes des résultats obtenus par les négociations.

Voilà des faits dont on ne peut nier l'importance; ils nous ont donné la tranquillité au dedans et la paix au dehors : c'était là les deux premières conditions de l'amélioration de l'avenir. Le Gouvernement les a réalisées, et il en reçoit aujourd'hui le prix.

Il s'opère en effet dans l'opinion, après tant de sollicitudes pour les libertés publiques, une réaction en faveur du pouvoir, tout aussi prononcée peut-être que celle qui, après la défaite de la Fronde, favorisa l'établissement du despotisme de Richelieu. Mais cette disposition de l'opinion n'égarera pas le Gouvernement. Sourd aux clameurs des partis, et recueillant avec bonheur, mais sans enivrement, les marques d'approbation du pays, il se rappellera toujours son origine libérale, et la mission que lui a confiée la révolution de juillet.

Déjà l'immense majorité des Français est ralliée à la dynastie et à la charte de 1830; les enfans perdus de chaque parti sont seuls en dehors de la grande famille, et la France, en pleine sécurité sur la conservation de ses institutions politiques et de son indépendance nationale; la France, sûre enfin que la liberté ne pourrait désormais périr que par un suicide, tourne maintenant sa pensée et ses efforts vers les améliorations matérielles et positives, trop long-temps négligées pour la discussion des doctrines aujourd'hui hors de cause.

Ainsi, et pour la première fois peut-être, la lassitude des commotions politiques, au lieu de produire l'abaissement et la servitude, aura aidé aux progrès de la civilisation, sans compromettre la liberté.

La restauration, dont les adeptes ont dit que la France produisait trop, avait cependant entrevu le besoin d'amener la nation à abandonner le terrain brûlant de la discussion des doctrines, pour rentrer dans la sphère plus froide et plus féconde des faits; mais elle avait pris, selon sa malheureuse habitude instinctive, le contrepied des moyens de succès qu'indiquait naturellement la disposition des esprits. Au lieu de commencer par donner satisfaction complète sur les principes constitutionnels, afin que la nation, tranquille sur sa liberté, se portât d'elle-même à s'occuper d'intérêts nouveaux, elle voulut anéantir d'abord la liberté, pour pousser ensuite le pays dans la voie des intérêts matériels, où il eût dû subir, sans défense, la direction que lui eût alors imprimé un brutal arbitraire.

Malgré cet aveuglement, constaté par tous ses actes, la restauration trouve encore aujourd'hui des apologistes de son habileté administrative.

Sans doute la science a fait des progrès sous les deux derniers règnes, et on comprendrait difficilement que quinze années de paix et de régime représentatif n'aient rien amélioré chez le peuple le plus intelligent de la terre; mais il faut distinguer entre ce que le pays a dû à la marche naturelle des choses, et ce qu'il a dû à l'esprit de son gouvernement.

Par exemple, et pour parler de ce système financier qui a fait récemment l'objet de tant de controverses, il faut reconnaître, sans doute, que la restauration a liquidé l'arriéré, élevé et soutenu le crédit, consommé une excellente opération dans la conversion des rentes, amélioré l'institution de l'amortissement, porté au plus haut dégré de régularité et de perfection le mécanisme de la comptabilité publique; mais après s'être montrée très-accommodante dans ses transactions pécuniaires avec l'étranger, (ce que la force des circonstances pouvait alors excuser), elle a payé les dettes des princes et doté l'émigration d'un milliard; elle a absorbé une liste civile une fois plus forte que celle du roi actuel; elle a accablé le clergé de largesses; elle a doublé la dépense des états-majors; elle a laissé notre armée incomplète, nos places dégarnies, nos canaux inachevés, nos routes ruinées; enfin elle n'a rien fait pour l'éducation publique et l'instruction primaire, à moins qu'on ne lui tienne compte des grands et petits séminaires qu'elle a fondés. Tout cela est-il aussi d'une bonne administration?

Sous la restauration disent ses défenseurs, les transactions privées étaient plus actives et le budget moins lourd.

On peut répondre :

A la première objection, que toute révolution est suivie d'une certaine période d'inquiétudes et de défiances, parce qu'on ne sait d'abord si elle amènera l'ordre ou l'anarchie, la paix ou la guerre; que la révolution de juillet devait subir plus douloureusement qu'une autre ce mal inévitable, soit parce qu'elle arrivait à une époque où les effets de la crise commerciale de 1825 n'étaient que palliés mais non pas détruits, soit parce que les plus riches consommateurs du pays se trouvaient ligués contre elle; et qu'enfin la restauration doit être seule responsable de la pertubation causée par une révolution qu'elle provoquée.

Et à la seconde, que la restauration n'était pas comme le gouvernement actuel dans la nécessité d'avoir sur pied quatre cent mille hommes, qu'elle ne distribuait pas un million de fusils en dix-huit mois aux gardes nationales, et qu'il ne lui fallait ni lutter contre le mauvais vouloir des riches, ni improviser de grands travaux publics pour occuper les pauvres.

Mais, répliquent les légitimistes, la condition de la restauration était donc meilleure?

Non, mille fois non; un principe de Gouvernement qui tend à l'asservissement du pays, a pour conséquence nécessaire un système d'administration qui tend à son appauvrissement. Si la France a acquis en quinze ans une certaine augmentation de richesses, ce n'est pas sous la protection de l'administration, mais malgré ses entraves. Alors, le mal était inhérent au Gouvernement même, devait durer autant que lui, et ne pouvait finir que par une révolution. Aujourd'hui le principe est changé et le système avec lui. L'un est devenu libéral, et l'autre par conséquent, progressif. Qu'on marche un peu plus ou un peu moins vite, il faudra toujours avancer. La liberté et le progrès sont les deux plus grands producteurs possibles, et un long et fertil avenir leur a été ouvert par la création du Gouvernement actuel.

Sans pousser plus loin d'inutiles comparaisons, constatons les efforts que le Gouvernement a opposés à la crise qui a suivi la révolution de juillet.

Il est parvenu à la calmer, d'abord en affermissant l'ordre public et en conservant la paix, deux conditions que la restauration se prétendait seule habile à réaliser, ensuite par des moyens administratifs qui nous semblent conçus dans un tout autre esprit que celui de la restauration.

Le premier devoir imposé au Gouvernement par la Charte, était de compléter nos lois organiques.

Dans ce but, il a présenté successivement

une série de lois importantes, dont quelques-unes ont déjà reçu leur exécution, et dont les autres se discutent encore en ce moment devant les Chambres.

La loi sur la garde nationale a doté la France de plus de trois millions et demi de soldats citoyens, sans compter une réserve de plus de deux millions d'hommes.

La loi électorale a abaissé le cens et élargi le cercle des capacités. Son premier produit a été une Chambre éclairée et patriote qui n'a trouvé quelques détracteurs que parce qu'elle est inviolablement affectionnée à nos institutions.

La loi sur l'organisation municipale a donné a chaque commune les administrateurs de son choix.

La loi sur les attributions municipales élargira la sphère d'action des autorités locales en ne conservant de la centralisation que ce qui en est un bienfait.

Les lois sur l'organisation et les attributions départementales assureront au département des avantages analogues à ceux que les deux dernières garantissent à la commune.

La loi sur l'instruction primaire va mettre

à la portée de tous les enfans, sans exception, le bienfait des connaissances indispensables au citoyen.

Enfin, la loi sur la responsabilité ministérielle et sur celle des autres agens du pouvoir, complétera bientôt nos garanties constitutionnelles.

Mais c'était peu de satisfaire aux obligations imposées par la Charte, il fallait aussi, par des mesures provisoires, porter un prompt remède à la perturbation passagère des affaires. Des comptoirs d'escomptes furent ouverts au commerce et à l'industrie, des avances furent faites, des secours accordés et sur tous les points de la France, d'immenses travaux furent entrepris, qui eurent le double avantage d'occuper les bras oisifs et de réaliser partout des améliorations depuis long-temps désirées

Le Gouvernement avait ensuite à prouver au pays qu'il comprenait ses besoins.

Il commença par abolir la prohibition qui interdisait, d'une manière absolue, l'entrée et la sortie des grains dans certaines circonstances données, la remplaçant par un tarif échelonné sur les cours, tarif dont les combinaisons assurent à la France l'avantage de pouvoir toujours profiter des ressources souvent nécessaires de l'importation, sans nuire aux intérêts de son agriculture, quoique la législature ait restreint l'esprit libéral dans lequel cette loi avait été conçue, la consécration de l'un des principes les plus importans de l'économie politique a porté des fruits aussi hâtifs que précieux, et les embarras, causés par la cherté des grains, ont disparu comme par enchantement, pour ne plus revenir.

De notables améliorations ont été apportées à notre système de douanes; la faculté du transit, et le séjour des entrepôts maritimes ont été accordés aux marchandises, dont un haut intérêt commandait impérieusement de continuer encore la prohibition.

Les entrepôts intérieurs réclamés depuis si long-temps par le commerce, et par les économistes, ont pu être crées.

Une loi dont les résultats seront immenses va faire disparaître les obstacles qui entravaient les grandes entreprises d'utilité publique, et le Gouvernement y a spontanément introduit la juridiction du jury qui, peut-être un jour, sera en possession de prononcer sur tout ce qui n'est que *de fait* dans les causes civiles.

La police du roulage a aussi attiré l'attention du Gouvernement.

Le conseil général des manufactures et du commerce a été réorganisé sur des bases plus larges, et là aussi hommage a été rendu au principe de l'élection.

Des traités de commerce ont été conclus avec l'Amérique du sud, et ont ouvert à nos produits d'immenses débouchés.

La libre navigation du Rhin a été réglée.

Les intérêts moraux, l'honneur et la dignité de la France n'ont pas été plus négligés que ses intérêts commerciaux et industriels.

L'armée a été mise sur un pied imposant; son matériel perfectionné et considérablement augmenté.

Des réformes en harmonie avec le progrès des mœurs ont été introduites dans notre législation criminelle, et la peine de la contrainte par corps a été adoucie.

Enfin, des travaux se poursuivent, des projets se préparent sur les plus hautes questions administratives.

La civilisation en augmentant sans cesse et la production et la consommation, réclame aussi sans cesse la multiplication des voies de transport, et bientôt l'effet réagissant sur la cause, la facilité des communications, active à son tour, les progrès de la civilisation, car c'est par la communication que les hommes s'éclairent et s'enrichissent.

Le Gouvernement pénétré de la nécessité de donner à ces vérités théoriques une application qu'elles n'ont pas encore reçue en France, s'occupe tout-à-la-fois de pourvoir à l'achèvement de nos canaux, d'ouvrir de grandes lignes de chemin de fer, qui partiront comme des rayons fertilisans du centre aux extrémités du royaume, et d'améliorer notre insuffisante législation des chemins vicinaux.

La mendicité est la lèpre des sociétés modernes, comme l'esclavage était celle des sociétés anciennes.

Faire de ces hommes qu'abrutit la misère des citoyens utiles en les employant à fertiliser nos landes désertes; c'est là un grand et beau problème dont le Gouvernement espère offrir bientôt la solution au pays.

Toutes ces améliorations s'accomplissent ou s'élaborent aussi vite que le comporte leur gravité. On ne saurait trop approfondir des matières qui, mal mises en œuvre, bouleverseraient la société au lieu de la réformer.

Plus tard viendra le temps de rectifier les bases de notre vaste système d'impôts, et alors le Gouvernement ne restera en arrière, ni sous le rapport de la science, ni sous celui du bon vouloir ; mais il y a un ordre inévitable pour toutes choses, et les Gouvernemens sont soumis comme les individus à la nécessité de commencer par le commencement.

Ce n'est donc pas sans raison que le pays a accordé toute sa confiance au Gouvernement; ce n'est donc pas par indifférence en matière politique, qu'il s'attache aujourd'hui avec plus d'ardeur à la poursuite des améliorations matérielles qu'à la discussion des doctrines ; mais c'est parce qu'il juge que ses droits et ses franchises sont désormais inattaquables, et que le Gouvernement est à la hauteur de sa mission de progrès.

Il y a des novateurs qui le croient impuissant à la remplir, à cause de l'insuffisance de nos institutions politiques qui n'ont point *organisé le travail social.*

J'avoue, à ma honte, que je ne comprends aucun moyen d'organiser le travail social sans détruire la liberté. Le pouvoir, d'après mes vues bornées, n'a pas pour mission d'imprimer une direction uniforme aux intérêts individuels, mais seulement de contenir les intérêts individuels dans les limites de la sphère d'action, hors de laquelle ils blesseraient l'harmonie des intérêts généraux, et cette tutelle toute restreinte qu'elle puisse paraître aux esprits absolus, suffira toujours à la conservation de la société.

Et n'est-ce pas grâce à cette liberté que chacun peut essayer l'application de ses théories ?

Formez-donc des associations d'intérêt ou de croyance. Classez vos adeptes suivant leurs capacités, ou bien groupez-les en phalanges industrielles ou agricoles ; le Gouvernement n'entend ni favoriser, ni combattre vos systèmes ; il n'interviendrait que la loi à la main si les associés engageaient leur avenir ou leur crédit au-delà des bornes posées dans l'intérêt de la société. Vous pourrez donc conquérir l'Univers par la persuasion ou rester ridicules, sans avoir à attribuer à d'autres qu'à vous-mêmes, vos succès ou vos mécomptes.

Jusqu'ici la métaphysique des novateurs n'ayant pas plus ébranlé le Gouvernement que les efforts des partis et de tant de faits qui militent en sa faveur, nous nous croyons autorisé à conclure que l'ordre de choses créé par la révolution de juillet, renferme en lui des élémens de durée et de prospérité qui justifient pleinement la confiance de la France.

Table des Matières.

AVANT-PROPOS 3

CHAP. I. Chûte de la Restauration — Etablissement du Gouvernement de Louis-Philippe 9

CHAP. II. Conduite du parti légitimiste . . . 27

CHAP. III. Conduite du parti républicain . . . 52

CHAP. IV. Conduite du Gouvernement envers les partis 67

CHAP. V. Politique extérieure du Gouvernement, depuis la révolutlon de juillet 77

CHAP. VI. Situation actuelle du Gouvernement et du pays 94

www.ingramcontent.com/pod-product-compliance
Ingram Content Group UK Ltd.
Pitfield, Milton Keynes, MK11 3LW, UK
UKHW031920260826
14628UKWH00003B/1319